„Dacă aș putea da timpul înapoi și să aleg o carte care să ne pregătească pentru avalanșa de provocări de slujire cu care biserica noastră s-a confruntat în acest an, cartea de față ar fi cea pe care aș alege-o. Păstori trudiți, diaconi descurajați și biserici care vă luptați să rămâneți slujitoare, luați această carte! Ea sună toate notele corecte".

Bobby Scott, păstor, Community of Faith Bible Church, South Gate, California

„Biserica a avut de multă vreme nevoie de această carte hotărât biblică, foarte ușor de citit și foarte practică. Punând temelia slujirii diaconale în Persoana și lucrarea lui Isus, Matt Smethurst răspunde la multitudinea de întrebări actuale cu grijă și judiciozitate, luându-și argumentele din cunoașterea profundă a Scripturii, a istoriei și a ce înseamnă viața bisericii. Cartea *Diaconii* ar trebui să rămână pentru mult timp un titlu de referință atât pentru bisericile locale cât și pentru mediul academic".

Malcolm B. Yarnell III, profesor-cercetător în teologie, Southwestern Baptist Theological Seminary; păstor-învățător, Lakeside Baptist Church, Granbury, Texas

„Cea mai profundă preocupare a mea legată de cărțile publicate pe tema organizării bisericii ține de faptul că mi-aș dori ca autorii să se bazeze pe explicarea solidă a Bibliei, nu pe tradițiile denominaționale sau pe opinii personale. Smethurst a făcut bine acest lucru: el a explicat pasajele biblice relevante pentru această slujire foarte greșit înțeleasă în bisericile locale. Printr-o structură clară și gânduri uimitoare, el ilustrează din nou chemarea Bibliei pentru diaconi".

Alexander Strauch, autor, *Prezbiterii bisericii* și *Diaconii în viziunea lui Pavel*

„Au existat multe cărți folositoare scrise pe aproape orice temă legată de viața, lucrarea și organizarea bisericii. Singurul domeniu neabordat a fost acela al slujirii diaconale. Această carte acoperă golul despre care vorbim. Smethurst nu doar că explică învățătura biblică pe această temă, ci el o și ilustrează cu numeroase exemple practice".

John S. Hammett, profesor de teologie sistematică, Southeastern Baptist Theological Seminary; autor, *Biblical Foundations for Baptist Churches*

„Aceasta este o resursă deosebită pe un subiect neglijat. Cartea este biblică, accesibilă și practică – ideală pentru cei aflați în procesul de a sluji ca diaconi. Este adevărat că diaconii, care îi ajută pe prezbiteri, organizează slujirile, au grijă de cei nevoiași, ocrotesc unitatea și mobilizează lucrarea sunt daruri minunate pentru trupul lui Hristos. Smethurst explică și aplică aceste idei într-o manieră clară, concisă și convingătoare".

Tony Merida, păstor principal, Imago Dei Church, Raleigh, Carolina de Nord; autor, *Ordinary*

„Biserica are nevoie de diaconi centrați în Evanghelie, care să gândească sănătos teologic și care să aibă inimă de slujitori, având grijă de nevoile altora dintr-o dragoste profundă față de Isus. Smethurst ne oferă contextul istoric al slujirii diaconale, aduce gânduri biblice și exemple practice ale acestui rol vital în viața congregațională".

Melissa B. Kruger, director cu inițiativele pentru femei, The Gospel Coalition; autoare, *Growing Together*

„Lucrarea diaconală este înconjurată de multă confuzie. Smethurst ne aduce aminte că slujirea diaconală credincioasă protejează lucrarea Cuvântului, promovează unitatea trupului și împlinește nevoile tangibile ale membrilor cei mai vulnerabili din bisericile noastre. Am de gând să cumpăr mai multe exemplare din această carte, să le dăruiesc cu regularitate în congregația noastră și să le folosesc pentru echiparea noilor diaconi și pentru a-i încuraja pe cei care deja slujesc".

Juan R. Sanchez, păstor senior, High Pointe Baptist Church, Austin, Texas; autor, *The Leadership Formula*

„Această carte este accesibilă, angajantă și cu substanță. Atât nespecialiștii cât și cititorii cu educație teologică vor învăța din gândurile ei biblice, practice și istorice legată de diaconie, chiar dacă ar putea să nu fie de acord cu unele dintre concluziile ei. Toți cititorii ar trebui să încheie lectura acestei cărți echipați cu zel și apreciere pentru darul deosebit al lucrării diaconale dat de Hristos bisericii".

Guy Prentiss Waters, profesor de Noul Testament, Reformed Theological Seminary, Jackson; autor, *How Jesus Runs the Church*

„În unele biserici, calitatea de diacon este subestimată; membrii nu au atât folos din partea lucrării diaconilor pe cât ar trebui. În alte biserici, această slujire este exagerată; diaconii vor să funcționeze ca niște prezbiteri, și chiar îi atacă. Smethurst ne arată care este gândirea echilibrată și biblică".

Conrad Mbewe, păstor, Kabwata Baptist Church, Lusaka, Zambia

„Matt Smethurst vine bine în ajutorul bisericilor prin această analiză succintă a lucrării diaconale, care este credincioasă biblic, relevantă pastoral și excepțional de clară. Chiar dacă ai putea să nu fii de acord cu el (și probabil că așa va fi), vei aprecia tonul cu care el descrie și apără lucrarea vitală a diaconilor. Sentimentul pe care îl capeți după lectura acestei cărți este asemănător situației când ești într-un teatru aglomerat care erupe în aplauze după o piesă memorabilă".

Benjamin L. Merkle, profesor de Noul Testament și greacă, Southeastern Baptist Theological Seminary; autor, *40 Questions about Elders and Deacons*

„Matt Smethurst demonstrează cât de importanți sunt diaconii pentru lucrarea Evangheliei, chiar în timp ce elimină ideile greșite și tradițiile inutile. Fiind o carte practică, frumos scrisă și plină de întâmplări încurajatoare, ea este un ghid util pentru o slujire esențială".

Jenny Manley, soție de păstor, Emiratele Arabe Unite; autoare, *The Good Portion: Christ*

„Manifestul concis și manualul practic al lui Smethurst reușește să sublinieze caracterul deosebit al slujirii diaconale. Această carte nu este un tratat teoretic, sec, ci o chemare clară și categorică de a recunoaște darul de neînlocuit al lucrării diaconale, dar dat de Dumnezeu".

Cornelis Van Dam, profesor emerit de Vechiul Testament, Canadian Reformed Theological Seminary; autor, *The Deacon*

„Nu există nicio bucurie mai mare în această viață decât să-L slujim pe Domnul. Ce chemare unică este aceea de a sluji ca diacon. Smethurst te va conduce în procesul prin care să ajungi să iubești cea mai înaltă chemare dată de Dumnezeu, aceea de slujitor. Această carte îi va ajuta pe mulți!"

Johnny Hunt, fost președinte, Southern Baptist Convention; autor, *The Deacon I Want to Be*

„Diaconii au fost de-a lungul anilor subiectul multor glume – sau, mai rău, ignorați. Îmi place felul în care Smethurst descoperă cu multă creativitate contextul istoric și biblic al acestei importante slujiri, apoi îl duce la aplicații practice. Folosește această carte importantă pentru a-i accepta și echipa pe cei chemați de Dumnezeu să slujească în lucrarea diaconală".

Mark Dance, fost redactor șef, *Deacon Magazine*

„Este ceva neobișnuit să găsești conținut deosebit, biblic, clar și profund înmagazinat într-o carte scurtă. Aici avem una dintre acele situații. Biserica din zilele noastre are nevoie urgentă de această învățătură".

Miguel Núñez, păstor senior, Iglesia Bautista Internacional, Santo Domingo, Republica Dominicană

„Aceasta este o carte excelentă! Ea este mai interesantă și mai importantă decât probabil că ți-ai imagina. Crezi că trebuie să spun aceste lucruri doar pentru că ăsta este rostul meu? Pune deoparte o clipă, deschide la capitolul 1 și citește prima pagină – doar prima pagină! – apoi întoarce-te la aceste cuvinte. Există o *mulțime* de alte pagini la fel de bune! Ar trebui să citești chiar acum această carte. Ba chiar să cumperi mai multe exemplare și să îi chemi pe cei din biserica ta să o studieze. Ei vor fi încurajați, iar biserica ta va fi ajutată să fie înfloritoare!"

Mark Dever, păstor, Capitol Hill Baptist Church, Washington, DC

Diaconii

MATT SMETHURST

DIACONII
SLUJIND ȘI ÎNTĂRIND BISERICA

MAGNA GRATIA

DIACONII. SLUJIND ȘI ÎNTĂRIND BISERICA
Matt Smethurst

© 2022 Editura MAGNA GRATIA. Toate drepturile rezervate. Nicio parte a acestei publicații nu poate fi reprodusă, stocată sau transmisă în orice formă și prin orice mijloace – electronice, mecanice, prin fotocopiere, microfilmare, înregistrare sau alt fel – cu excepția unor citate scurte în recenzii, fără permisiunea prealabilă a deținătorului drepturilor de autor.

Deacons: How They Serve and Strengthen the Church
Copyright © 2021 Matt Smethurst
Published by Crossway
a publishing ministry of Good News Publishers
Wheaton, Illinois 60187, U.S.A.
This edition published by arrangement with Crossway. All rights reserved.

Tradus și publicat cu permisiune. Editura MAGNA GRATIA nu susține în mod necesar toate punctele de vedere ale autorilor pe care îi traduce și/sau publică.

Dacă nu este precizat altfel în text, citatele biblice sunt preluate din Biblia Cornilescu, ediția revizuită. Drepturi de autor British and Foreign Bible Society (BFBS) și Societatea Biblică Interconfesională din România (SBIR) 1924, 2016. Folosit cu permisiune. Referințele biblice notate cu NTR sunt preluate din Biblia, Noua Traducere Românească (NTR). Copyright 2007, 2010, 2016 de Biblica Inc. Toate drepturile sunt rezervate. Folosit cu permisiune. Referințele biblice notate cu SBB sunt preluate din Biblia Societății Biblice Britanice, ediția 1921. Preluat cu permisiune.

Toate sublinierile făcute textului biblic au fost alese de autor.

Ilustrațiile de pe copertă: Wayne Brezinka.

9Marks ISBN: 978-1-955768-94-8

Editura MAGNA GRATIA
Str. Liliacului nr.26,
Dascălu-Ilfov 077075
Email: contact@magnagratia.org
Internet: www.magnagratia.org

Părinților mei, Doug și Lynda,

pentru că mi-ați fost mereu modele de viață cristică.

Vă iubesc.

CUPRINS

Prefața seriei   15

Introducere. „În slujba ta"   17

Capitolul 1. Preistoria și greșelile. Cum au fost diaconii în trecut?   27

Capitolul 2. Modelul. Cum au apărut diaconii?   49

Capitolul 3. Lucrurile elementare. Cum trebuie să fie diaconii?   71

Capitolul 4. Detaliile. Ce trebuie să facă diaconii?   89

Capitolul 5. Beneficiile. Ce aduc bun diaconii?   119

Capitolul 6. Frumusețea. Pe cine reflectă diaconii?   147

Încheiere. Diaconii fac diferența   161

Anexa 1. Pot sluji femeile în lucrarea diaconală?   167

Anexa 2. Întrebări-model pentru potențialii diaconi   191

PREFAȚA SERIEI

Crezi că este responsabilitatea ta să ajuți la zidirea unei biserici sănătoase? Dacă ești creștin, credem că da.

Isus îți poruncește să faci ucenici (Matei 28:18-20). Iuda spune să ne zidim unii pe alții în credință (Iuda 20-21). Petru te cheamă să îți folosești darurile, slujindu-i pe alții (1 Petru 4:10). Pavel te îndeamnă să spui adevărul în dragoste, astfel încât biserica ta să se maturizeze (Efes. 4:13, 15). Poți vedea direcția către care se îndreaptă aceste lucruri?

Indiferent dacă ești un simplu membru în biserică sau un lider al ei, seria de cărți „Zidind Biserici Sănătoase" are scopul să te ajute să împlinești astfel de porunci biblice și, în felul acesta, să joci rolul pe care îl ai de jucat în zidirea unei biserici sănătoase. Dacă ar fi să exprimăm acest deziderat în alt fel, sperăm că aceste cărți te vor ajuta să crești în dragoste față de biserica ta, iubind-o așa cum Isus o iubește.

În această serie, 9Marks a publicat cărți scurte, ușor de citit, pentru fiecare din ceea ce Mark Dever a denumit *cele 9 semne ale unei biserici sănătoase*, plus încă vreo câteva. Acestea includ cărțile pe tema predicării expozitive, a teologiei biblice, învățăturii sănătoase, a Evangheliei, convertirii, membralității în biserică, disciplinei bisericii, ucenicizării și creșterii spirituale, a conducerii bisericii prin prezbiteri și diaconi, a rugăciunii, misiunii și închinării comune.

Bisericile locale există pentru a arăta slava lui Dumnezeu înaintea popoarelor. Noi facem acest lucru ațintindu-ne ochii asupra Evangheliei lui Isus Hristos, punându-ne credința în El în ce privește mântuirea și apoi iubindu-ne unii pe alții în sfințenia lui Dumnezeu, în unitate și dragoste. Ne rugăm ca această carte să te ajute în acest sens.

Cu speranță,
Mark Dever și Jonathan Leeman
Editorii seriei

Introducere
„ÎN SLUJBA TA"

Mă întreb de ce ai deschis această carte (dincolo de atracția titlului). Îmi pot închipui mai multe scenarii.

1. *Ești păstor.*
   - Aspiri la slujirea de păstor și vrei să studiezi despre diaconi.
   - Ești un proaspăt păstor și vrei să introduci slujirea diaconală în biserica ta.
   - Ești un păstor cu experiență, care vrea să regândească sau să împrospăteze slujirea diaconală.
   - Ești un păstor frustrat, care vrea să îi concedieze pe diaconi.

2. *Ești diacon.*
   - Ești un potențial diacon, care vrea să își înțeleagă rolul.
   - Ești un proaspăt diacon, care vrea să își ajusteze rolul.
   - Ești un diacon experimentat, care vrea să crească în acest rol.

- Ești un diacon frustrat, care vrea să își părăsească rolul.

3. *Ești un membru în biserică.*

- Îți place felul cum funcționează diaconii în biserica ta – și ești curios să afli mai mult.
- Nu îți place cum funcționează diaconii în biserica ta – și ești curios dacă nu cumva există o cale mai bună.
- Dorești doar să înțelegi mai bine învățătura Scripturii pe această temă.

Sau poate că ai un cu totul alt motiv. Este de ajuns să spun că subiectul diaconilor – chiar și numai acest *cuvânt* – poate aprinde sentimente foarte diferite printre creștini. Pentru unii, termenul sună un pic nostalgic, poate ducându-i cu gândul la biserica din copilărie. Pentru alții, este un cuvânt frumos; el le aduce în minte fețe iubite – fețele anumitor slujitori care au trudit pentru binele bisericii lui Hristos. Totuși, pentru foarte mulți alții, acesta este un cuvânt dureros. Este dureros pentru mulți *păstori*. Oare de câte ori n-a fost împiedicată și rănită lucrarea unei biserici de cei chemați să fie cei mai exemplari slujitori ai ei?

TOȚI SUNTEM DIACONI

Dacă ți-ai pus credința în Hristos, ești deja un diacon, într-un sens mai larg. Substantivul *diakonos* din limba greacă apare de 39 de ori în Noul Testament și, de aproape fiecare dată, este tradus prin „slujitor(i)"[1] sau „lucrător(i)".[2] (Același lucru poate fi spus despre substantivul[3] și verbul[4] înrudit.) Iată câteva exemple din Evanghelii, dacă ar fi să le traducem literal:

> Cel mai mare dintre voi să fie diaconul vostru. Oricine se va înălța, va fi smerit; și oricine se va smeri, va fi înălțat (Matei 23:11-12).

> [Isus] le-a zis: „Dacă vrea cineva să fie cel dintâi, trebuie să fie cel mai de pe urmă din toți și diaconul tuturor!" (Marcu 9:35).

> Dacă Îmi slujește cineva [cu sensul de diaconie, n.tr.], să Mă urmeze; și unde sunt Eu, acolo va fi și diaconul Meu. Dacă Îmi slujește cineva [cu sensul de diaconie, n.tr.], Tatăl îl va cinsti (Ioan 12:26).

> Mai presus de orice, credincioșii creștini sunt aceia care merg pe urmele pașilor Diaconului suprem, Robul care a suferit și „n-a venit să I se slujească, ci El să slujească și să-Și dea viața răscumpărare pentru mulți!" (Marcu 10:45).

În concluzie, *diakonos* este în mod obișnuit doar un

---

[1] Matei 20:26; 23:11; Marcu 9:35; 10:43; Ioan 2:5, 9; 12:26; Rom. 13:4; 15:8; 1 Cor. 3:5; 2 Cor. 6:4; 11:15, 23; Efes. 3:7; 6:21; Col. 4:7; 1 Tim. 4:6
[2] 2 Cor. 3:6; Col. 1:7, 23, 25
[3] Substantivul *diakonia* este folosit de 34 de ori pentru a descrie „lucrări" (F.A. 1:17, 25; 6:4; 20:24; 21:19; Rom. 11:13; 2 Cor. 3:7, 8, 9; 4:1; 5:18; 6:3; 9:1, 12; Efes. 4:12; Col. 4:17; 2 Tim. 4:5, 11) sau „slujire" (Rom. 12:7; 15:31; 1 Cor. 12:5; 16:15; 2 Cor. 8:4; 9:13; 11:8; 1 Tim. 1:12; Apoc. 2:19).
[4] Verbul *diakoneo* este folosit de 37 de ori cu sensul de „a sluji/a fi slujit/slujire" (Matei 8:15; 20:28; Marcu 1:31; 10:45; Luca 4:39; 10:40; 12:37; 17:8; 22:26, 27; Ioan 12:2, 26; 2 Tim. 1:18; Flm. 13; Evrei 6:10; 1 Petru 1:12; 4:10, 11; Matei 4:11; 27:55; Marcu 1:13; 15:41) sau „a aduce ajutoare" (Rom. 15:25).

termen generic cu sensul de „slujitor" – de unde și folosirea lui în discuții despre stăpâni necreștini[5] și chiar despre demoni.[6] Totuși, în câteva circumstanțe, termenul este folosit într-un sens mai restrâns, mai tehnic – de unde și ideea acestei cărți.[7]

În acest sens restrâns, „a sluji ca diacon" – felul în care eu înțeleg în general acest termen și în care îl voi folosi de aici înainte – nu face referire la un rol informal. Nu este doar un titlu pentru o anumită lucrare, cum este cel de „director de campus" sau „coordonator al lucrării pentru copii". Aici vorbim despre una dintre cele două roluri de slujire pe care Noul Testament le stabilește pentru biserica locală. Doar prezbiterii (sau păstorii) și diaconii sunt ordinați la slujirea oficială, publică în viața congregației.

De aceea, cât de importantă este slujirea diaconală pentru sănătatea bisericii? Suficient de importantă ca Dumnezeu să definească o poziție oficială pentru anumiți membri, recunoscuți ca slujitori-model, pentru mobilizarea slujirii practice în modalități creative.

CLONE CONTRASTANTE

Clint și Tom sunt păstori care au extrem de multe

---

[5] Rom. 13:4.
[6] 2 Cor. 11:15.
[7] Fil. 1:1; 1 Tim. 3:8, 12; posibil Rom. 16:1. Vedeți Anexa, unde fac o analiză a pasajului din Romani. Merită observat că această dualitate – slujire generică sau rol oficial – nu este întotdeauna utilă, întrucât nu există două folosiri ale termenului *diakonos*. Lucrarea recentă a lui Clarence D. Agan III demonstrează existența a cel puțin patru folosiri ale termenului, așa cum vom vedea în capitolul 4.

lucruri în comun. Au aceeași vârstă, aceeași educație teologică, păstoresc biserici din aceeași denominație, de aceeași mărime, au același temperament, același nivel de maturitate spirituală și aceeași experiență de lucrare. Și ambele biserici unde ei păstoresc o duc bine. Creșterea nu este explozivă, dar este consecventă. Oamenii sunt convertiți. Membrii lor sunt, în mare, fericiți. Dar, în timp ce Clint este obosit, Tom este zdrobit. Pentru Clint, bucuria este o luptă; pentru Tom, ea este o amintire din trecutul îndepărtat. Clint nu reușește în fiecare săptămână să își atingă obiectivul de a-și pregăti mesajele cu suficient timp înainte; Tom n-a mai reușit în niciun an. Așadar, care este diferența? Ce anume drenează timpul și energia lui Tom? Dificultatea este că întotdeauna este ceva diferit. Dar întotdeauna este ceva important.

- **În urmă cu trei săptămâni**, Tom a trebuit să cumpere un nou sistem de sonorizare pentru biserică. El și-a plănuit să petreacă o oră sau două căutând opțiuni de calitate și la un preț avantajos, apoi să ia o decizie. Dar asta a ajuns să îi ia toată ziua de miercuri. *Zero energie rămasă pentru orice altceva*, crede el.

- **Acum două săptămâni**, Tom a coordonat echipa de voluntari la o acțiune de curățenie în parcul local, o oportunitate anuală ideală pentru biserică de a le sluji celor din vecinătate și de a deschide discuții evanghelistice. El a creat un formular online de înscriere, apoi a anunțat biserica prin email, a monitorizat răspunsurile, a fost descurajat, a trimis câteva cereri personale, apoi și-a dat seama că după-amiaza de vineri s-a dus. *Predica nu este nici pe departe făcută, și au rămas 13 locuri neocupate la acest stupid proiect de curățenie. Ce au oamenii ăștia?*

- **Săptămâna trecută**, Tom a plănuit o ieșire la o masă cu studenții de la facultate. Este unul dintre momentele lui favorite din an. Universitatea este la doar câțiva pași de clădirea bisericii lui și, ca unul care a fost mântuit în studenție, lui Tom îi plac oportunitățile de a merge cu Evanghelia la studenții care vin în orașul lui. Sau așa obișnuia. Bucuria lui sucombă în final în fața deziluziei când se vede stând pe aleea băcăniei, adjudecând meritele unui hot dog. *Stai puțin, oare nu este în realitate mai scump să iau de aici decât de la restaurantele cu renume? Cum de este posibil așa ceva? Am atâtea lucruri de cumpărat...*

- **Săptămâna asta**, Tom a fost un om hotărât. *Nu mă voi lăsa abătut de nimic. Voi delega. Nu pot fi totul pentru toți oamenii.* Telefonul îi bâzâie. Mesaj de la soție. „A sunat Martha. Este încă la spital și vrea să treci iar pe aici. N-ai mai sunat-o săptămâna asta". *Și este doar marți dimineață!* „De asemenea, mi-a zis că nu îți poate plăti factura. Se pare că o altă pacientă este ajutată de biserica ei. M-a întrebat dacă noi o putem ajuta pe Martha".

Îți mai aduci aminte de Clint, cel fericit? Luna asta n-a fost ușoară nici pentru el, dar a fost diferită. A fost... gestionabilă cât de cât. De aceea, care este diferența dintre experiențele pastorale ale lui Clint și Tom? Răspunsul este acesta: doar unul are diaconi. De fapt, amândoi au, dar doar ai lui Clint par să știe – și să iubească – ceea ce presupune a fi diacon. Acești diaconi găsesc plăcere să-l elibereze pe Clint de povara sarcinilor practice, astfel încât el să își canalizeze energia pe lucrarea Cuvântului și pe rugăciune.

- Tom a trebuit să parcurgă nenumărate recenzii ale clienților pentru a putea alege sistemul de sonorizare. Clint are un diacon care este gata oricând să facă analiza necesară.

- Tom a trebuit să recruteze voluntari pentru proiectul de curățenie din parc. Clint are un diacon căruia îi place să strângă o echipă pentru astfel de proiecte.

- Tom este stresat de ieșirile la o masă. Clint are un diacon care este gata oricând să facă orice cumpărături cu bucurie.

- Tom a trebuit să se uite în bugetul bisericii și

să evalueze tendințele pentru a vedea dacă pot exista bani pentru nevoile lui Martha. Clint are un diacon care excelează în îndemânarea de a vedea când și cum poate biserica să îi ajute financiar pe cei în nevoi.

Complexitățile lucrării sunt nesfârșite, nu-i așa? Iar când adaugi fluiditatea așteptărilor oamenilor la stânca de neclintit a timpului limitat, intri în coliziune cu o socoteală care te înnebunește. Într-un sens, am fost martorul acestei dinamici la ambele extreme, fiind privilegiat să slujească în două poziții diaconale înainte de a fi chemat să devin prezbiter.

Dacă ești prezbiter, și în particular dacă ești principalul păstor responsabil cu predicarea în biserica ta, gândește-te bine la acest lucru: diaconii greșit aleși pot să îți *înjumătățească* lucrarea, cei bine aleși o pot *dubla*. De asemenea, ei pot zidi întreaga congregație – sau nu.

Diaconii pot face diferența în lucrarea bisericii locale – înspre bine sau înspre rău.

MANIFESTO ȘI MANUAL

În capitolele următoare, vom analiza multe întrebări presante despre acest subiect adesea înțeles greșit. Sper că această carte va sluji deopotrivă ca un manifest și ca un manual practic pentru biserici obișnuite, ca a ta.

De aceea, iată încotro mergem. Capitolul 1 va schița

diferitele modalități în care diaconii au fost slujit de-a lungul istoriei creștine, ca și care sunt modelele comune (nu în mod necesar sănătoase!) din bisericile de azi. Capitolul 2 se va îndrepta către studiul primilor credincioși care au slujit în această calitate (Faptele Apostolilor 6). Capitolul 3 va analiza apoi cerințele calificative pentru acest rol (1 Timotei 3). După această discuție despre ceea ce trebuie *să fie* diaconii, capitolul 4 va pătrunde mai adânc în ceea ce diaconii trebuie *să facă*. În capitolul 5 vom vedea exemple din biserici adevărate, care au fost întărite prin slujirea diaconală credincioasă. Capitolul 6 se va îndrepta către Acela pe care diaconii Îl vor reflecta în esență, după care vine o scurtă încheiere. Chestiunea slujirii diaconale de către femei va fi tratată în prima anexă. (Pe parcursul cărții voi folosi termenul diacon la masculin, din rațiuni de stil și pentru ușurința lecturii, dar, așa cum veți vedea, eu cred că slujirea diaconală este deschisă și femeilor care se califică.) O a doua anexă propune un exemplu de chestionar pentru potențialii diaconi.

Teza de bază a acestei cărți este că diaconii – atunci când se înțelege și se aplică adecvat rolul lor – sunt un dar de neînlocuit în biserica lui Hristos. Ei sunt slujitori-model, care excelează în atenție și răspuns la nevoi tangibile din viața bisericii. În ce modalități slujesc ei? Ajutându-i pe prezbiteri, ocrotind lucrarea Cuvântului, organizând slujirea, având grijă de cei nevoiași, păstrând unitatea, mobilizând lucrarea, și așa mai departe.

O biserică lipsită de diaconi biblici poate da semne de sănătate spirituală pentru o vreme, dar sănătatea ei va avea de suferit în timp. Noi ne furăm singuri de beneficiile înțelepciunii revelate a lui Dumnezeu atunci când fie ducem rolul diaconilor *prea sus* (ei acționând, de fapt, ca prezbiteri), fie când *restrângem* nepotrivit rolul lor (transformându-i, să zicem, într-un fel de menajeri).

Din fericire, Cuvântul lui Dumnezeu ne arată o cale mult mai bună. Ceea ce el spune despre diaconi nu este mult, dar este suficient.

Când diaconii înfloresc, întreaga congregație câștigă.

1

PREISTORIA ȘI GREȘELILE

Cum au fost diaconii în trecut?

Se pare că naziștii nu îi prea aveau la inimă pe diaconi. După ce Olanda a fost ocupată de Germania, în 1940, diaconii din Biserica Reformată Olandeză s-au mobilizat pentru a avea grijă de cei asupriți politic, dându-le hrană și oferindu-le refugii secrete. Dându-și seama ce se petrecea, germanii au decretat ca slujirea de diacon să fie eliminată. În răspunsul dat de Sinodul General întrunit pe 17 Iulie 1941, credincioșii olandezi au hotărât următorul lucru: „Oricine se atinge de slujirea diaconală se amestecă peste ceea ce Hristos a rânduit să fie sarcina bisericii'... Oricine se atinge de *diakonia,* se atinge de închinare!"[1] Așa că germanii au trebuit să renunțe.

DIACONII DE-A LUNGUL SECOLELOR

Desigur, majoritatea întâmplărilor cu diaconi sunt

---

[1] În această parte introductivă, voi cita (doar cu ușoare parafrazări) din eseul lui Frederick Herzog, „Diakonia in Modern Times, Eighteenth–Twentieth Centuries", publicat în *Service in Christ*, ed. James I. McCord și T. H. L. Parker (Grand Rapids, MI: Eerdmans, 1966), p. 147. Îi mulțumesc lui Jonas Bültemann pentru că a identificat documentul-sursă din limba germană și mi-a confirmat citatele.

mai puțin răsunătoare din punct de vedere istoric. Ele sunt rareori mai puțin frumoase. Vreme de două mii de ani, diaconii au strălucit slujind bisericile și comunitățile de pe tot pământul. Mărturia istoriei este clară: o congregație lipsită de diaconi care să funcționeze biblic este una sărăcită, dar o congregație cu diaconi biblici este una incalculabil de bogată.

De aceea, cum au funcționat diaconii de-a lungul secolelor? Întrebarea aceasta nu este nici irelevantă, nici plictisitoare; ea este una practică. Dacă ești un ucenic al lui Isus, atunci istoria creștinismului este și istoria *ta*. Studiul ei seamănă cu deschiderea unui album foto și descoperirea moștenirii tale de familie.

Hai să începem. Îmbarcă-te cu mine într-un zbor peste peisajul diaconal începând din perioada apostolică, chiar dacă trebuie să recunosc că este un zbor rapid și fragmentar.

Biserica primară

Încă din primele secole, diaconii au avut un loc de cinste în creștinism. Pe baza precedentului din Faptele Apostolilor 6:1-7 – un pasaj tratat în general ca acela care a stabilit, sau cel puțin a precedat slujirea aceasta – diaconii din biserica primară au avut sarcina de a susține lucrarea păstorilor ocupându-se de treburile „exterioare" sau de nevoile „fizice" din viața bisericii.

Istoricul Rodney Stark observă că, în biserica primară, diaconilor li se acorda o „importanță considerabilă", ei ajutând în funcțiunile liturgice și în administrarea activităților caritabile și de binefacere ale bisericii.[2] O serie de tratate scrise în secolul al IV-lea, intitulate *Apostolic Constitutions,* au schițat mai mult îndatoririle diaconale în felul următor: „Ei trebuie să facă fapte bune, exercitând o supraveghere generală, zi și noapte, fără a-i batjocori pe săraci și fără a-i deosebi pe cei bogați în respectul acordat; ei trebuie să deosebească cine sunt cei ce trec prin necazuri și să nu îi excludă de la ajutorul din fondurile bisericii, fiind de asemenea convingători față cei avuți ca să pună deoparte bani pentru fapte bune".[3] Istoricul Charles Deweese prezintă condensat lucrurile astfel:

> Ei îi vizitau pe martirii care erau în temniță, îi îmbrăcau și îngropau pe cei morți, îi căutau pe cei excomunicați în nădejdea restaurării lor, împlineau nevoile văduvelor și orfanilor și îi vizitau pe cei bolnavi și care treceau prin necazuri. Într-o perioadă în care o molimă care a lovit Alexandria în anul 259, diaconii au fost descriși de un martor ocular ca aceia care „îi vizitau fără teamă pe cei bolnavi", „slujindu-

---

[2] Rodney Stark, *The Rise of Christianity: How the Obscure, Marginal Jesus Movement Became the Dominant Religious Force in the Western World in a Few Centuries* (San Francisco: HarperOne, 1997), p. 108. Vezi și Robert Louis Wilken, *The First Thousand Years: A Global History of Christianity* (New Haven, CT: Yale University Press, 2012), p. 32.

[3] Citat de Adolf Harnack, *The Mission and Expansion of Christianity in the First Three Centuries,* vol. 1 (New York: G. P. Putnam's Sons, 1908), p. 161. Citat și în Stark, *Rise of Christianity,* p. 87.

le continuu" și „mureau alături de ei cu toată bucuria".[4]

Ceea ce a tulburat lumea în perioada Imperiului Roman a fost tocmai acest fel de dragoste caracterizată de asumarea riscurilor și de dăruirea de sine – în care diaconii au fost adesea modele. Episcopul african Tertulian (155-220 d.Hr.) observa: „Ceea ce ne face deosebiți în ochii multora dintre potrivnicii noștri este grija noastră pentru cei neajutorați și practicarea dragostei blânde. ,Iată', spun ei, ,iată cum se iubesc ei unii pe alții!'"[5]

Este foarte ușor să pierdem din vedere valoarea spirituală a diaconilor, pentru că rolul lor în viața bisericii este atât de practic. Dar mulți dintre primii diaconi au fost niște uriași ai credinței, și ei au apărat-o cu multă îndrăzneală. Cred că două situații vor fi suficiente.

În primul rând, hai să călătorim împreună în Roma antică, epicentrul celui mai puternic imperiu de pe pământ. Au trecut doar 8 ani de când împăratul Decius a încercat să îi extermine pe toți cei care au refuzat să jure supunere față de stăpânirea lui suverană. Nenumărați creștini au fost uciși. Este anul 258 d.Hr., și un bărbat pe nume Laurențiu este unul dintre cei șapte diaconi ce slujesc în biserica din Roma; sarcina lui este supravegherea colectelor bisericii și distribuirea ajutoarelor către săraci. În luna august apare vestea că succesorul lui Decius la

---
[4] Charles Deweese, *The Emerging Role of Deacons* (Nashville: B&H, 1979), p. 12-13.
[5] Tertullian, *Apology*, p. 39.

tron, Valerian, a emis un edict înspăimântător – toți episcopii, preoții și diaconii trebuie strânși și uciși.

Laurențiu este dus în curând înaintea magistratului. Oferta este aceasta: *predă comoara bisericii, și vei fi eliberat*. Diaconul este de acord. El cere doar trei zile ca să rezolve cererea. Părăsind tribunalul, Laurențiu nu pierde niciun moment. El încredințează banii bisericii în mâini sigure, apoi îi strânge pe cei bolnavi, bătrâni, săraci, văduvi și orfani. În final, se întoarce în tribunal însoțit de acea mulțime de oameni vrednici de compasiune. Șocat, magistratul cere o explicație. Laurențiu răspunde: „Domnule, am adus ce mi-ai cerut". Apoi, arătând cu mâna către oamenii aceia, el spune: „Ei sunt comoara bisericii". Fiind ulterior condamnat la moarte de martir, diaconul îndură flăcările cu un calm uluitor, chiar glumind față de executorii lui: „Ați face bine să mă mai întoarceți un pic, căci m-am copt bine pe partea asta". Dovada curajului profund al lui Laurențiu are un efect deosebit asupra oamenilor din Roma, conducând la multe convertiri.[6]

Acum să mergem înainte cu 70 de ani și să călătorim către SE, până la Telzeha (în Turcia din zilele noastre).

---

[6] Această întâmplare poate fi ușor exagerată în ciuda faptului că a fost foarte răspândită, cu mici detalii diferite de la o versiune la alta (cu excepția finalului!), chiar din secolul al IV-lea. Cea mai timpurie sursă cunoscută care o menționează este Ambrozie din Milano, *On the Duties of the Clergy*, cartea 2, cap. 28, secțiunea 140-41 (c. 391 d.Hr.), în *A Select Library of the Nicene and Post-Nicene Fathers of the Christian Church*, Second Series, ed. Philip Schaff și Henry Wace, trans. W. H. Fremantle, G. Lewis și W. G. Martley, vol. 10 (New York: Christian Literature Company, 1893). Calendarul anual din *Book of Common Prayer* (1662) include ziua de 10 august ca „Sărbătoarea Sf. Laurențiu, diacon și martir în Roma, în anul 258".

Persecuția la adresa creștinilor s-a intensificat din nou, de data aceasta sub domnia lui Licinius. Un nou împărat, un nou edict: *cetățenii trebuie să repare altarele și să reia jertfele aduse zeului Jupiter*. Ce se întâmplă? Un diacon se ridică:

> Acum Habib, care era din satul Telzeha și a fost pus diacon, s-a dus în taină în bisericile din sate. El a slujit și citit Scriptura, i-a încurajat și întărit pe mulți prin cuvintele lui, îndemnându-i să rămână ancorați în adevărul credinței lor și să nu se teamă de persecutori...
>
> Mulți au fost încurajați de cuvintele lui... și au fost atenți să nu se dezică de legământul pe care l-au făcut. Când cei rânduiți să urmărească această situație au auzit de ea, l-au informat [pe Licinius], guvernatorul orașului Edessa: „Habib, care este diacon în satul Telzeha, merge peste tot și slujește în taină în toate locurile, împotrivindu-se fără teamă poruncii împăraților".[7]

Cu adevărat fără teamă. După ce a avut de îndurat o mulțime de întrebări din partea guvernatorului rămânând neclintit în credința lui, Habib este ars pe rug. Circumstanțe ca acestea ne oferă crâmpeie din purtarea excepțională a primilor diaconi – și impactul lor constant, dar

---

[7] "Martyrdom of Habib the Deacon", în *The Ante-Nicene Fathers*, ed. Alexander Roberts și James Donaldson, vol. 8 (New York: Charles Scribner's Sons, 1906), p. 690-95. Am actualizat ușor traducerea pentru ușurința lecturii. Este interesant că împăratul Licinius avea să fie mai târziu, alături de Constantin, cumnatul lui, coautorul Edictului din Milano, din anul 313, care le conferea creștinilor toleranță în tot Imperiul Roman.

zdrobitor, pe care l-au avut asupra lumii romane.

În timp ce biserica a căutat să gestioneze extinderea geografică și în timp ce mai multe erezii au apărut amenințând credința, o ierarhie oficială s-a dezvoltat pentru a eficientiza – și centraliza – autoritatea în luarea deciziilor la nivelul slujirii episcopului. Astfel, în loc să se rămână la doar două slujiri în biserică (episcopi și diaconi), acum existau trei: episcopi (supraveghetori), prezbiteri (sau preoți) și diaconi. Odată cu apariția sistemului „episcopatului monarhic" – în care un episcop coordona o zonă geografică – rolul primar al diaconilor a trecut de la acela al agenților binefacerii la cel de secretari ai episcopului. Ei au acționat tot mai mult ca niște persoane de legătură, din teren, între episcopul regiunii și congregațiile locale aflate sub supravegherea lui.

În ciuda îndepărtării graduale de modelul Noului Testament, diaconii au continuat să îndeplinească sarcini biblice. Totuși, acest lucru nu a rămas valabil peste timp. Mark Dever rezumă declinul fatidic în felul următor:

> Pe măsură ce s-a dezvoltat episcopatul monarhic, s-a dezvoltat și un fel de diaconie monarhică în spatele lui. Pe măsură ce s-a dezvoltat rolul episcopului, s-a dezvoltat și rolul arhidiaconului. Arhidiaconul era diaconul șef al unei zone anume și putea fi descris ca un însărcinat cu probleme materiale... Abuzurile au ajuns în final să își facă loc în slujba de diacon, iar diaconii – în special arhidiaconii – au ajuns destul de

bogați. Cât de ironic este că cei care erau chemați să le slujească altora au ajuns să slujească propriilor dorințe![8]

Evul Mediu

După ce a avut loc această îndepărtare de la lucrarea de binefacere, au apărut două dezvoltări ulterioare, în Evul Mediu, care au făcut ca diaconia să se deterioreze mai mult.

În primul rând, slujba diaconală a fost redusă la o simplă treaptă către preoție. În al doilea rând, și mai îngrijorător, dărnicia caritabilă a ajuns să fie considerată un mijloc înspre mântuirea sufletului și în reducerea timpului petrecut în purgatoriu. „Până în Evul Mediu", deplânge situația Cornelis Van Dam, „principala motivație pentru dărnicia în beneficiul săracilor era aceea de a obține accesul la viața veșnică". Spirala tragică în jos s-a sfârșit, după câte se pare, când diaconii au „încetat în curând să mai acționeze în vreun fel biblic".[9]

Venise vremea reformei în slujirea diaconală.

Influența lui Jean Calvin

Niciun reformator nu a fost mai influent în restaurarea diaconiei după modelul lui antic – anume acela de a

---

[8] Mark Dever, *Understanding Church Leadership*, Church Basics, ed. Jonathan Leeman (Nashville: B&H, 2016), p. 8-9.
[9] Cornelis Van Dam, *The Deacon: Biblical Foundations for Today's Ministry of Mercy* (Grand Rapids, MI: Reformation Heritage, 2016), p. 99.

sluji în ajutorul celor săraci și necăjiți – cum a fost Jean Calvin. După întoarcerea lui în Geneva, în 1541, primul act oficial ca păstor al lui Calvin a fost cel ce a-i prezenta consiliului orașului un plan detaliat privind ordinea și conducerea bisericii. Aceste *Rânduieli Ecleziale* au cerut instalarea diaconilor alături de păstori, doctori (învățători) și prezbiteri. Istoricul Timothy George observă „prețuirea înaltă" pe care Calvin o avea pentru slujirea diaconală:

> Diaconii erau slujitori oficiali ai bisericii, cărora li s-a încredințat grija pentru săraci. El i-a îndemnat să fie bine înrădăcinați în credința creștină, întrucât, în lucrarea lor, „ei vor trebui deseori să dea sfaturi și mângâieri"... Calvin a recunoscut că diaconia poate sluji câteodată ca o „creșă de unde sunt aleși prezbiterii", dar el s-a împotrivit obiceiului romano-catolic de a face ca slujirea de diacon să fie primul pas către preoție. Această practică era o subminare ofensatoare a „unei slujiri foarte onorabilă".[10]

Sub conducerea lui Calvin, ca și a contemporanilor lui, precum Martin Bucer (1491-1551), diaconii au reînceput să slujească nu ca niște protejați ai preoților, ci ca slujitori în lucrarea de binefacere.

De la Reformă până în epoca modernă

De la momentul când Calvin i-a acordat o atenție proaspătă slujirii diaconale, în urmă cu peste 500 de ani,

---

[10] Timothy George, *Theology of the Reformers*, rev. ed. (Nashville: B&H, 2013), 249.

această slujire a îmbrăcat forme variate printre protestanți.

- În tradiția *prezbiteriană și reformată*, diaconii au acționat întotdeauna în principal ca slujitori în lucrarea de binefacere, având grijă de cei nevoiași și suferinzi, și ajutând adesea la supervizarea finanțelor bisericii.[11]
- În *comunitatea anglicană*, diaconii sunt fie „tranziționali", îndreptându-se către preoție,[12] fie „vocaționali", ordinați pe viață; toți sunt echipați teologic și ordinați oficial. În fapt, orice preot sau episcop anglican începe ca diacon, și niciunul nu a fost în măsură să ocolească oficial această slujire. Astfel, unii arhiepiscopi au cerut să fie îngropați în robele lor de diaconi - convingerea fiind că, dacă ai despica un arhiepiscop, ai găsi în interiorul lui un episcop; dacă ai despica un episcop, ai găsi un preot; și dacă ai despica un preot, ai găsi acolo un diacon. Slujirea diaconală stă în inima oricărei lucrări.[13]

---

[11] Elsie Anne McKee ne oferă o perspectivă istorică utilă în lucrarea *Diakonia in the Classical Reformed Tradition and Today* (Grand Rapids, MI: Eerdmans, 1989). O analiză modernă evanghelică este cea a lui Van Dam, *The Deacon*.

[12] Vorbind despre Biserica Anglicană, Francis Young scrie: „Toți slujitorii ordinați din Biserica Anglicană sunt ordinați la lucrarea diaconală înainte de a fi acceptați la slujba preoțească" (Francis Young, *Inferior Office? A History of Deacons in the Church of England* [Cambridge: James Clarke & Co., 2015], p. xxv).

[13] Îi mulțumesc prietenului meu Dan Marotta, rector în Redeemer Anglican Church din Richmond, Virginia, pentru că a adus această întâmplare în atenția mea. Mai

- În multe *biserici congregaționale și baptiste*, e existat un model de pluralitate de prezbiteri și diaconi – prezbiterii fiind dedicați supravegherii spirituale, iar diaconii slujirii practice – model care a continuat până la începutul secolului al XX-lea, când multe congregații au început să se orienteze în favoarea unui model cu „un singur păstor și un comitet de diaconi", model însoțit adesea de tot felul de alte comitete. (O traducere modernă a versetului cunoscut din cartea Eclesiastul ar fi că „dacă ai voi să faci o mulțime de comitete, să știi că n-ai mai isprăvi"!) Totuși, această structură nu este uniformă și, în ultimii ani, pare să se manifeste în multe biserici de acest fel o tendință de a înlocui mentalitatea de tipul comitetelor executive cu viziunea mai istorică a slujirii diaconale. În această abordare, diaconii coordonează diferite lucrări în biserică, fiind mijloace pentru susținerea lucrării prezbiterilor.[14]

---

mult, merită observat că activistul anti-sclavie Thomas Clarkson (1760-1846) a fost diacon în Biserica Anglicană atunci când s-a alăturat cauzei aboliționiste și campaniei împotriva sclaviei, alături de William Wilberforce. El a ajutat la adoptarea Legii privind Comerțul cu Sclavi din 1807, care a pus capăt comerțului cu sclavi în Marea Britanie. Este dificil să ne imaginăm vreun diacon care a avut un impact social mai mare în lumea secolului al XIX-lea. Vedeți Young, *Inferior Office?*, p. xxiii–xxiv.

[14] Într-un eseu intitulat "Elders and Deacons in History", Mark Dever detaliază proeminența inițială și declinul ulterior al pluralității de prezbiteri în viața

MODELE BIBLICE?

Așa cum am menționat mai devreme, Biblia nu spune foarte multe lucruri despre diaconi. (Cum te impulsionează asta să continui să citești această carte?) Totuși, recunoașterea acestui lucru ar trebui să ne conducă la o dublă hotărâre: prima, să acordăm o atenție mai mare tuturor învățăturilor Scripturii pe această temă; și a doua, să îi tratăm cu o doză specială de generozitate pe cei care consideră sau „fac" slujirea diaconală diferit de noi.

Dar chiar dacă felul în care Biblia tratează tema diaconilor nu este extensiv, el este suficient. Avem material scriptural îndeajuns pentru a cântări diferitele abordări. Și sunt convins că există mai multe idei larg răspândite, dar care ratează să surprindă felul în care Dumnezeu tratează slujba diaconilor. De ce este atât de important să înțelegem corect acest subiect? Nu doar ca să putem experimenta unitatea și bucuria crescânde în bisericile pe care le iubim, ci și ca natura de slujitor a lui Isus însuși să poată fi ilustrată pe deplin printre noi.

---

bisericilor baptiste. În sumar, el scrie următoarele: „Este un lucru indubitabil că, la începutul secolului XX, baptiștii fie aveau, fie susțineau slujirea prezbiterilor în bisericile locale – și adeseori o pluralitate de prezbiteri. Ei făcuseră acest lucru vreme de secole... Totuși, pe parcursul secolului al XX-lea, atât practica pluralității prezbiterilor cât și utilizarea titlului de ‚prezbiter' au devenit tot mai rare în viața bisericilor baptiste. Dacă menționezi azi termenul prezbiteri, în multe biserici baptiste ai ridica suspiciunea de a fi un soi de cripto-prezbiterian. Dar în urmă cu doar câteva zeci de ani, slujba de prezbiter era considerată un element important de trezire printre cei din Convenția Baptistă de Sud" (Mark Dever, "Elders and Deacons in History", în *Baptist Foundations: Church Government for an Anti-Institutional Age*, ed. Mark Dever și Jonathan Leeman [Nashville: B&H Academic, 2015], p. 238).

De aceea, hai să ne îndreptăm atenția către șase idei populare despre rolul diaconului, idei care ratează să vadă viziunea înaltă pe care Biblia o are pentru această slujire.

1. Petru, păstorul în curs de echipare

„Am auzit că te vor face diacon. Cât timp crezi că va trece până te vor face prezbiter?"

Petru s-a obișnuit cu astfel de întrebări în biserică. Nu se simte deranjat, ci, în cel mai rău caz, un pic flatat.

Am văzut deja că, în secolul al IV-lea și până în Evul Mediu, slujirea diaconală s-a calcifiat, transformându-se într-un simplu rol clerical de început, un fel de prim popas pe calea către preoție. Modelul păstorului în curs de echipare rămâne răspândit în Biserica Romano-Catolică și, în ciuda diferențelor, și în comunitatea anglicană. Dar unii evanghelici protestanți își au propria versiune a acestei abordări: diaconii sunt considerați prezbiteri în curs de echipare. Evident, anumiți diaconi ar trebui să ajungă prezbiteri la un moment dat – dar acest lucru presupune că ei satisfac cerințele calificative pentru *prezbiteri* (1 Tim. 3:1-7; Tit 1:5-9). Așa cum vom vedea în capitolul 3, deși listele cerințelor calificative pentru cele două slujiri sunt similare, ele nu sunt unul și același lucru.

Slujirea diaconală nu este asemenea roților ajutătoare pentru cea de prezbiter. Ea este o slujire diferită, cu ținte diferite, care cere, în multe cazuri, daruri diferite. Dacă este să luăm un singur exemplu, unui bărbat ar putea să îi lipsească abilitatea de a da învățătură – și, de aceea, să fie nepotrivit pentru slujirea de prezbiter (1 Tim. 3:2; Tit 1:9) – și totuși să fie un diacon cu totul excepțional.

Așadar, poate diaconul Petru să meargă înainte către lucrarea pastorală? Desigur, dar nu acesta ar trebui să fie *motivul* pentru care este diacon. Orice păstor trebuie să fie mai înainte de toate un slujitor, da, dar nu orice slujitor este menit să devină oficial păstor. Slujirea diaconală este prea importantă – prea glorioasă – ca să fie o simplă treaptă către orice altceva.

2. Terrance, priceputul la toate

„Tu te pricepi să repari tot felul de lucruri. Ar trebui ca biserica să te facă diacon".

Sunt multe zile când păstorul Jim este fericit că îl are pe Terrance în biserică. Terrance este un contractor general de succes, care ar putea avea mai multe scule decât tot restul acelei mici biserici la un loc. Ce a făcut Jim când instalația de încălzire a apei din clădirea bisericii s-a spart, în urmă cu trei ierni? L-a sunat pe Terrance. Dar când sistemul de aer condiționat s-a stricat în acea sâmbătă foarte caldă din iunie? L-a sunat pe Terrance.

Nu pare să existe ceva pe care Terrance să nu-l poată repara. Când vine vorba de îngrijirea clădirii și a terenului bisericii, cunoștințele lui sunt fără egal.

Oare n-ar fi Terrance un diacon ideal? Nu te grăbi.

Nu ți-am spus dacă este sau nu un credincios matur. Un diacon este de departe mai mult decât cineva care știe să se orienteze în magazinul de bricolaj. Oare știe să se orienteze în Biblie?

3. Sam, foaia de calcul

„Bugetul bisericii noastre este o dezordine totală; ne uităm la un alt deficit financiar și nu avem nicio proiecție clară legată de venituri pentru următorul an fiscal. De ce să nu-l punem pe Sam să fie diacon – nu rezolvă el problemele financiare ale membrilor, și chiar își câștigă existența din asta?"

Rutina de dimineață a lui Sam este destul de simplă: se trezește, își fierbe o cafea și verifică piața înainte de a se duce la duș, după care să plece la lucru, la firma lui de consultanță financiară.

În zilele de duminică, nu este un lucru neobișnuit ca membrii bisericii să îl abordeze cu mare grijă, cerându-i anumite sfaturi financiare ocazionale. Dacă te gândești la ideea de pricepere în sens economic, Sam nu are rivali în biserică.

De ce să nu fie Sam un diacon ideal? Din nou, nu te grăbi. Încă nu ți-am spus dacă este sau nu un credincios matur. Priceperea la foile de calcul este o abilitate binevenită, dar ea nu este suficientă pentru a-i fi încredințată o slujire în casa lui Dumnezeu (1 Tim. 3:15).

4. Cliff, corporatistul

„Seminariile teologice ar putea să predea limbile antice, slavă Domnului, dar ele nu te pot învăța abilități de conducere. Biserica noastră are nevoie în realitate de niște diaconi hotărâți, cu un bun simț al afacerilor".

Cliff este membru în Pinehill Community Church de 30 de ani și a slujit ca diacon vreme de aproape 20 de ani. La momentul când s-a alăturat bisericii, el și-a început afacerea în propriul subsol; azi, el operează un zgârie-nori în centrul orașului. Nu este niciun secret că Cliff s-a descurcat bine pe piață. El are o mulțime de angajați și zeci de ani de îndemânare în afaceri.

Oare nu este Cliff un diacon ideal? Din nou, nu te grăbi. Încă nu ți-am spus dacă este un credincios matur. Experiența în conducerea afacerilor poate fi un atu serios, dar nu este deloc un indiciu al calificării spirituale.

5. Vinnie, veto-ul

„La ce mai sunt buni diaconii dacă nu fac decât să aprobe ce zic alții? Evident, eu îi zic păstorului Dave cum stau lucrurile – cine altcineva îi va spune? În plus, doar vreau să îl păstrez smerit. Ultimul lucru de care avem nevoie este un păstor umflat în pene".

Diaconul Vinnie nu este de niciun folos dacă nu se împotrivește oricărui lucru. El nu încearcă să-i facă viața păstorului Dave să fie mizerabilă, dar reușește destul de des asta. Pur și simplu el și-a asumat rolul de a-l menține pe păstor cu picioarele pe pământ. Ca să fiu franc, Vinnie nu vrea prea mult ca biserica să se schimbe, dar el poate detecta dorința după inovație cum emană din biroul pastoral. Chiar săptămâna trecută, Dave „visa" să înceapă un program de echipare pastorală și - *voilà!* –, ca să îl poată finanța, vrea să desființeze două programe vechi ale bisericii.

Lui Vinnie îi place să își împacheteze cu atenție reproșurile. „Unii oameni spun că..." este o exprimare favorită. (Este important ca păstorul Dave să știe că la mijloc nu este doar preocuparea lui Vinnie.)

Oare nu este Vinnie un diacon ideal? Cred că putem fi de acord că nu.

6. Steve, pseudo-prezbiterul

„*Bine ai venit la First Baptist Church, unde păstorii vorbesc, iar diaconii fac. (Serios vorbind, dacă vrei să se facă ceva important pe aici, trebuie să îi convingi pe acei diaconi)*".

Steve este în conducerea câtorva organizații; nimic nu îl satisface mai mult decât să fie diacon la First Baptist. El iubește congregația și este profund preocupat de sănătatea ei pe termen lung. Steve este de acord ca păstorul să conducă biserica în lucrurile spirituale – la urma urmei, o hârtie agățată pe peretele din biroul lui pretinde că este specializat în pastorală – dar este treaba diaconilor să supervizeze toate celelalte lucruri, nu?

Acest fel de abordare nu este una rar întâlnită. Îmi aduc aminte de felul în care un prieten păstor îmi descria felul de gândire pe care l-a moștenit în biserica lui: „În esență, prezbiterii și diaconii au sfere de autoritate egale, dar separate: prezbiterii conduc în lucrurile ,spirituale', pe când diaconii în cele ,fizice'. Ce înseamnă asta în practică? Diaconii nu pot dicta ce să facă prezbiterii în lucrurile spirituale, pentru că asta este treaba lor; prezbiterii nu pot dicta ce să facă diaconii în lucrurile pragmatice, pentru că asta este *treaba* lor".

Atunci când diaconii încep să acționeze ca niște păstori ce conduc întreaga congregație sau ca un comitet de directori care își supraveghează angajații sau alte comitete, descrierea pe care Biblia o face slujirii diaconilor ajunge încețoșată. Mai mult, orice structură care îi încurajează pe diaconi să acționeze ca o contrabalansare a păstorilor sau prezbiterilor – un fel de a doua cameră legislativă care să „verifice și să echilibreze" deciziile pastorale – a trecut dincolo de limitele ei biblice. Deși se poate ca nu aceasta să fie intenția, dar mult prea adesea acesta este efectul produs.

DOUĂ AVERTISMENTE

Aș vrea acum să recunosc cu atenție câteva lucruri. În primul rând, intenția din spatele acestei abordări de tip pseudo-prezbiter/comitet executiv este rareori una contrară prezbiterilor, fiind rareori un fel de joc de putere cu scopul neutralizării lucrării păstorului. În cel mai fericit caz, modelul are ca scop să folosească diferitele puncte forte din biserică. Iar Biblia *ne* arată o împărțire clară a muncii între păstori și diaconi, lucru pe care îl vom analiza în capitolele următoare. Slujirile lor nu sunt identice.

În al doilea rând, unii dintre noi, cei care credem că modelul de tip pseudo-prezbiter/comitet executiv nu respectă intenția lui Dumnezeu, trebuie să ne confruntăm cu muzica: această configurație este adesea în aval de situațiile de urgență în care diaconii bisericii au fost lăsați să scormonească după soluții și au fost obligați să acopere un gol de conducere în așteptarea unui alt păstor. Desigur, unele biserici au trecut prin mâinile unei mulțimi de păstori, din cauză că diaconii sunt insuportabili. Totuși, ceea ce se întâmplă adesea este că sosește un nou păstor – înarmat până în gât cu energie proaspătă, cu o nouă viziune și cu inițiative noi! – doar ca să devină un alt episod într-o serie deja foarte veche. Conflictele apar. În final, păstorul pleacă. Oamenii presupun că a plecat după pășuni mai verzi. Dar cine rămâne? Cine rămâne întotdeauna? Diaconii. Este natural ca o anumită autoritate să îi fie dată mobilei vii a bisericii.

Mulți diaconi care sunt înțepeniți în modele inutile sunt sfinți evlavioși, care își dau toate silințele să slujească bisericile pe care le iubesc cu credincioșie. Da, eu sper să îi conving (dar tu?) că există o cale mai bună. Citește în continuare. Eu doar doresc să spun acest lucru de la început, pentru că îl consider serios: tu, care ești diacon, dacă nu ai îmbrățișat această slujire pentru putere, ci te-ai ridicat pentru a-ți asuma responsabilități în situații în care conducerea a fost instabilă, îți sunt recunoscător.

CAVALERIA DE SLUJITORI

Indiferent dacă rolul diaconilor în biserica ta a fost exagerat într-o direcție sau în alta, soluția nu este să treceți de la o extremă la alta, ci să restabiliți slujirea diaconală aducând-o înapoi la scopul ei și la rolul ei biblic de neînlocuit. Diaconii nu sunt comitetul spiritual de directori ai bisericii, nici comitetul executiv în fața căruia răspunde păstorul-director. Ei sunt cavaleria de slujitori, însărcinați să pună în aplicare viziunea prezbiterilor prin coordonarea diferitelor lucrări ale bisericii. Diaconii sunt ca forțele de operațiuni speciale ale unei congregații, împlinind misiuni nevăzute cu mult curaj și bucurie.

Dacă vrei să găsești un diacon calificat, nu te uita în garajul lui, ca să vezi câte scule are. Nu te uita la portofoliul lui financiar, ca să vezi câte investiții are. Nu te uita la firma lui, ca să vezi câți angajați are. Îndreaptă-ți privirile în primul rând către atitudinea, către caracterul și către viața lui. Este dornic să asculte, sau tânjește să se facă auzit? Este smerit și flexibil, sau insistă să se facă întotdeauna lucrurile după placul lui? Tânjește după statut, sau după slujire? Din fericire, nu trebuie să improvizăm cerințe calificative pentru diaconi, căci Biblia ni le oferă foarte clar; le vom analiza în capitolul 3.

Naziștii s-au simțit amenințați de acei diaconi olandezi datorită slujirii lor făcută cu bucurie de inimă și cu o credință curajoasă. Acei împărați romani nu erau nici ei mari fani ai diaconilor. Asta nu ne miră, căci Satana îi urăște pe diaconi și a căutat să îi abată de la slujirea lor vreme de două mii de ani. Totuși, lucru deloc plăcut celui rău, un Dumnezeu atotputernic îi iubește. Slujirea de diacon a fost invenția Lui, gândită având în vedere armonia și fericirea poporului Său și înaintarea Împărăției Sale.

Și vedem primele ei licăriri în prima biserică din Noul Testament.

2

MODELUL

Cum au apărut diaconii?

Cum stau lucrurile în biserica ta? Este totul așa cum ai visat să fie?

Dacă ești păstor și dai din cap, îmi închipui că aceasta este a doua ta lună în slujire. Cămașa ta încă are o aromă slabă a unei cafenele de seminar teologic. Dacă zâmbești, probabil că ești în al doilea an. Te gândești la idealismul tău naiv cu o ușoară privire în sus. Dacă plângi, probabil că ești în a doua ta decadă de slujire. Încă mai ai un vis uriaș legat de lucrare: se numește anul sabatic.

Bineînțeles că te tachinez, dar ai înțeles ideea. Lucrarea în biserică este adeseori istovitoare, nu încântătoare. În general, lucrurile la care am visat cândva cu ochii deschiși nu sunt cele în care ne petrecem zilele. Câte mesaje email încurajatoare despre conducerea sau învățătura ta ai primit săptămâna asta? Dacă ai primit mai multe, slavă lui Dumnezeu! Dacă niciunul, bine ai venit în club.

În ultimii ani am remarcat că au fost publicate multe cărți despre întoarcerea la simplitatea din biserica primară, înapoi într-o perioadă când creștinii erau concentrați pe misiune și se iubeau reciproc. Nu despre asta ne vorbește cartea Faptelor Apostolilor? Cei pierduți erau convertiți, bolnavii erau vindecați și, minunea minunilor, sfinții petreceau timp împreună? *Ah, dacă am putea să scăpăm de toată această complexitate, de toate dezbinările dintre noi și să ne întoarcem la zilele glorioase din Faptele Apostolilor, când lucrarea era simplă și biserica era unită.*

Cu siguranță că aceasta părea să fie situația încă de timpuriu. Luca ne informează astfel:

> Ei [biserica] stăruiau în învățătura apostolilor, în legătura frățească, în frângerea pâinii și în rugăciuni. Fiecare era plin de frică, și prin apostoli se făceau multe minuni și semne. Toți cei ce credeau erau împreună la un loc, și aveau toate de obște. Își vindeau ogoarele și averile, și banii îi împărțeau între toți, după nevoile fiecăruia. Toți împreună erau nelipsiți de la Templu în fiecare zi, frângeau pâinea acasă, și luau hrana, cu bucurie și curăție de inimă. Ei Îl lăudau pe Dumnezeu și erau plăcuți înaintea întregului norod. Și Domnul îi adăuga în fiecare zi la numărul lor pe cei ce erau mântuiți (F.A. 2:42-47).

Dar ce se întâmplă după două capitole? Care este situația în următoarea circumstanță? Lucrurile par să continue așa:

> Mulțimea celor ce crezuseră era o inimă și un suflet. Niciunul nu zicea că averile lui sunt ale lui, ci aveau

toate de obște. Apostolii mărturiseau cu multă putere despre învierea Domnului Isus. Și un mare har era peste toți. Căci nu era niciunul printre ei care să ducă lipsă... (F.A. 4:32-34).

Dar la alte două capitole după aceea? Ei bine, situația nu mai este atât de simplă. Biserica este în continuă creștere, dar, de data aceasta, membrii sunt supărați.

Îți sună cunoscut acest lucru?

CONFLICTUL PE CALE SĂ IZBUCNEASCĂ

În Faptele Apostolilor 6:1-7, Luca ne prezintă un raport actualizat despre congregația din Ierusalim:

> În zilele acelea, când s-a înmulțit numărul ucenicilor, Evreii care vorbeau grecește cârteau împotriva Evreilor, pentru că văduvele lor erau trecute cu vederea la împărțeala ajutoarelor de toate zilele. Cei doisprezece au adunat mulțimea ucenicilor și au zis: „Nu este potrivit pentru noi să lăsăm Cuvântul lui Dumnezeu ca să slujim la mese. De aceea, fraților, alegeți dintre voi șapte bărbați vorbiți de bine, plini de Duhul Sfânt și înțelepciune, pe care îi vom pune la slujba aceasta. Iar noi vom stărui necurmat în rugăciune și în propovăduirea Cuvântului". Vorbirea aceasta i-a plăcut întregii adunări. I-au ales pe Ștefan, bărbat plin de credință și de Duhul Sfânt, pe Filip, pe Prohor, pe Nicanor, pe Timon, pe Parmena și pe Nicolae, un prozelit din Antiohia. I-au adus înaintea apostolilor, care, după ce s-au rugat, și-au pus

mâinile peste ei. Cuvântul lui Dumnezeu se răspândea tot mai mult, numărul ucenicilor se înmulțea mult în Ierusalim, și o mare mulțime de preoți veneau la credință.

Pfuu, suspinăm noi. *Se pare că au fost cât pe ce să ajungă la dezastru.*

Ar putea să ni se pară că pericolul de aici nu era *atât* de serios, în special pentru că Luca este foarte atent să încheie acea narațiune cu vestea bună a creșterii numărului convertiților (v. 1a, 7). Dar nu așa sunt lăsate să funcționeze astfel de finaluri:

- „s-a înmulțit numărul ucenicilor" (v. 1a)
- „cârteau..." (v. 1b-6)
- „Cuvântul lui Dumnezeu se răspândea tot mai mult, numărul ucenicilor se înmulțea mult" (v. 7)

Când citim această întâmplare, versetul 7 nu este o concluzie aruncată acolo la întâmplare. Acesta nu este rezultatul natural, așteptat. Dacă acel conflict ar fi fost gestionat greșit, finalul ar fi putut foarte ușor să arate cam așa: „Iar Cuvântul lui Dumnezeu a fost compromis, ucenicii ajungând dezbinați între ei". De aceea, cuvintele lui Luca constituie o declarație clară că dezastrul a fost evitat și lucrarea roditoare a putut merge înainte neîmpiedicată.

Visele noastre despre lucrare au tendința de a oglindi versetul 7 („numărul ucenicilor se înmulțea mult"), nu-i așa? Cu toate acestea, multe dintre zilele noastre din lucrare sunt ocupate de situații ca în versetul 1b („cârteau", sau „o plângere s-a ridicat...", cf. lit. ESV). De aceea, Luca structurează narațiunea pentru a arăta clar că bucuria din versetul 7 survine rareori fără lucrarea din versetele 2-6. Este clar că felul în care bisericile noastre reacționează la conflict poate afecta totul în ce privește împiedicarea sau accelerarea mărturisirii Evangheliei. Faptele Apostolilor 6 este o narațiune care descrie un conflict apărut în biserică, dar unul care a fost bine gestionat.

Și totul are de-a face cu diaconii.

CEI ȘAPTE

Vei căuta în zadar substantivul „diaconi" în Faptele Apostolilor 6. Totuși, așa cum vom vedea imediat, forma predicativă a termenului apare de mai multe ori. În plus, experții biblici au înțeles de mult timp că acei șapte ne oferă un model pentru lucrarea diaconală.[1] Acești bărbați sunt înaintemergătorii care ilustrează, în esență, rolul oficial pe care diaconii aveau să îl aibă în curând în bisericile locale (ex. Fil. 1:1; 1 Tim. 3:8-12).

---

[1] „După ce sunt luați toți factorii în considerare, pare că este cel mai bine să înțelegem ordinarea din Faptele Apostolilor 6 ca o ordinare la o slujire ce a fost ulterior denumită ca slujirea diaconală. Deși ei nu sunt denumiți diaconi în acest pasaj, cititorii timpurii ai Faptelor Apostolilor se poate să îi fi considerat ca diaconi pe cei șapte. Această identificare a celor șapte ca primii diaconi ordinați a constituit principala poziție teologică a bisericii creștine încă din secolul al II-lea" (Cornelis Van Dam, *The Deacon: Biblical Foundations for Today's Ministry of Mercy* [Grand Rapids, MI: Reformation Heritage, 2016], p. 51).

Așadar, ce putem învăța despre diaconi dintr-o circumstanță unde nu este menționat niciodată acel rol? De fapt, putem învăța multe lucruri.

Așa cum am văzut, tensiunea erupe – sau, în final, iese la suprafață – în congregația unde evreii greci, numiți și eleniști, au avut ceva să se plângă împotriva fraților lor evrei (v. 1). Se pare că văduvele lor erau „trecute cu vederea la împărțeala ajutoarelor de toate zilele" (v. 1b).

Evident că ne-am putea imagina apostolii mustrându-i pe eleniștii supărați. La urma urmei, cu doar un capitol în urmă, Petru i-a denunțat public pe Anania și Safira pentru minciuna lor (5:1-11), iar apostolii l-au înfruntat chiar pe marele preot: „Trebuie să ascultăm mai mult de Dumnezeu decât de oameni! Dumnezeul părinților noștri L-a înviat pe Isus, pe care voi L-ați omorât, atârnându-L pe lemn" (5:29-30). Aceștia nu erau niște indivizi slabi, cu limba legată. Așa că ne putem imagina cum ar fi sunat mustrarea: *Voi nu vedeți cât de bine merg lucrurile? Nu puteți fi și voi mulțumiți? Mai apoi, biserica este concentrată pe Isus, de ce voi vă focalizați pe voi înșivă?*

Dar nimeni nu spune asta sau altceva asemănător. De aceea, nu ar trebui să presupunem că acesta era doar un protest ridicol legat de o problemă minoră. În mod sigur el nu a fost tratat în această manieră.[2] În clipa când

---

[2] Van Dam explică astfel: „Neglijarea văduvelor era o chestiune serioasă. Odată ce o văduvă devenea creștină și era cel mai probabil alungată din sinagogă (v. Ioan 9:22;

apostolii au sesizat vântul „dezbinării care punea în pericol bucuria răscumpărării",[3] au trecut la acțiune, strângând laolaltă „mulțimea ucenicilor" („numărul complet al ucenicilor", cf. lit. ESV) – ceea ce, până în acel moment, totaliza aproape opt mii de credincioși! Așadar, deja ne îndreptăm privirile către prima mega-biserică din Biblie *și* către ceva ce seamănă cu prima adunare generală a membrilor ei. Adresându-se acestei mulțimi de sfinți, apostolii spun:

> Nu este potrivit pentru noi să lăsăm Cuvântul lui Dumnezeu ca să slujim la mese. De aceea, fraților, alegeți dintre voi șapte bărbați vorbiți de bine, plini de Duhul Sfânt și înțelepciune, pe care îi vom pune la slujba aceasta. Iar noi vom stărui necurmat în rugăciune și în propovăduirea Cuvântului (6:2b-4).

Există cel puțin patru lucruri ce merită observate în acest pasaj:

1. „Propovăduirea Cuvântului" capătă prioritate

John Stott susține cu profunzime ideea că Faptele Apostolilor 6 ne arată un ultim truc satanic, culminarea unui atac pe trei fronturi. Primele două încercări ale Satanei – persecuția din exterior (4:1-22) și corupția morală din interior (5:1-11) – eșuaseră complet să distrugă biserica:

12:42), ea nu mai putea primi ajutorul material din partea sinagogii. De aceea, o văduvă creștină avea nevoie imediată de ajutor. Era inadmisibil ca ea să fie lăsată neajutată... Dacă exista vreun loc unde văduvele să se simtă complet ca acasă în lumea actuală, acela era biserica" (Van Dam, *The Deacon*, p. 49, 50).

[3] Van Dam, *The Deacon*, p. 49.

Următorul atac al diavolului a fost și cel mai iscusit dintre cele trei. După ce a ratat să zdrobească biserica prin persecuție și corupție, el a încercat de data aceasta arma *distragerii atenției*. Dacă ar fi putut să îi preocupe pe apostoli cu administrarea treburilor de natură socială, care, deși erau esențiale, nu ținea de chemarea lor, aceștia aveau să ignore responsabilitățile ce le fuseseră date de Dumnezeu, anume de a se ruga și a predica, lăsând astfel biserica lipsită de apărare împotriva învățăturilor false.[4]

Fără a diminua cu ceva importanța grijii pentru văduve, apostolii clarifică care este lucrarea către care ei sunt chemați să își focalizeze truda. Ei își vor dedica cea mai mare energie păstoririi bisericii prin intermediul învățăturii și rugăciunii. Observați jocul de cuvinte, dacă ar fi să traducem literal pasajul:

> Nu este potrivit pentru noi să lăsăm Cuvântul lui Dumnezeu ca să *slujim* la mese [cu sensul de *diaconie*]... noi vom stărui necurmat în rugăciune și în propovăduirea *[diaconia]* Cuvântului (F.A. 6:2, 4).

Citit în grabă, pasajul poate părea mai degrabă dur. Erau apostolii lipsiți de preocupare pentru binele celor vulnerabili? Ridică ei cumva lucrarea „spirituală" deasupra slujirii „practice", sau poate că nu o recunosc pe cea din urmă ca fiind una reală?

---

[4] John Stott, *The Message of Acts: The Spirit, the Church, and the World* (1990; repr., Downers Grove, IL: IVP Academic, 1994), p. 120, subl.

Evident că nu. Acordând prioritate Scripturii și rugăciunii, apostolii aleg să rămână focalizați pe binele spiritual al întregii biserici, chiar în timp ce recunosc nevoile fizice ale eleniștilor.[5] (În fapt, ei fac mai mult decât să recunoască nevoile; ei iau inițiativa pentru a aplica o soluție permanentă, structurală.) Cu toate acestea, apostolii recunosc un adevăr fundamental: o biserică ai cărei slujitori sunt încătușați în tirania lucrurilor urgente – lucru care se manifestă atât de des prin „probleme tangibile" – este una care își îndepărtează inima ca să își întărească brațul. Este un fel de sinucidere cu încetinitorul.

Unei biserici lipsite de diaconi poate să îi lipsească sănătatea, dar o biserică lipsită de predicare biblică nu poate exista. În fapt, așa ceva nu există.

Pe măsură ce înaintăm în Noul Testament și tot mai multe biserici sunt înființate, rolul prezbiterilor va ajunge să fie descris asemănător rolului apostolilor. De aici nu trebuie înțeles că prezbiterii ar fi echivalenți apostolilor, pentru că există diferențe importante între cele două roluri.[6] Totuși, există o corelație evidentă între (1) apostoli

---

[5] „Nu există niciun indiciu că apostolii ar fi privit lucrarea socială ca inferioară celei pastorale, sau sub demnitatea lor. Totul era o chestiune de chemare. Ei nu aveau libertatea de a fi abătuți de la lucrarea lor prioritară" (Stott, *Message of Acts*, p. 121).

[6] Spre deosebire de rolul de prezbiter, eu cred că cel de apostol a încetat odată cu moartea apostolilor. În anumite situații, Noul Testament folosește termenul „apostol" într-un fel informal, pentru a descrie faptul că toți credincioșii sunt „trimiși" (ex. Fil. 2:25); totuși, în mod uzual, el funcționează ca un termen tehnic ce identifică o slujire oficială și, cred eu, temporară. Apostolii au fost identificați prin cel puțin două criterii: (1) au fost martori oculari ai lui Isus sau foarte apropiați de

și prezbiteri[7], și (2) „cei șapte" și diaconi.

2. Întreaga congregație este implicată

Observați că cei doisprezece nu îi aleg unilateral pe cei șapte; în schimb, ei implică întreaga biserică. („Frații" menționați în versetul 3 sunt „mulțimea ucenicilor" chemați în versetul 2.)

De ce să fie nevoie de sfinții obișnuiți la luarea unei astfel de decizii, mulți dintre ei fiind proaspăt convertiți? Îmi vin în minte două motive, unul teologic și unul practic. În primul rând, acești membri în biserică sunt mântuiți. Prin credința lor în Hristos, Duhul Sfânt Și-a făcut locaș în inimile lor. De aceea, ei se califică să participe la deciziile din biserica lui Hristos pentru că ei au Duhul Lui. În al doilea rând, din punct de vedere practic, acești credincioși sunt vizați direct de rezultatul deciziei. La urma urmei, aceasta este biserica lor și aceștia sunt frații lor, și ei membri în biserică. Cei șapte bărbați aleși pur și simplu nu vor să le influențeze prin decizia lor doar pe văduvele neglijate, ci ei vor influența întreg trupul bisericii locale.

Cât de frumos, notează Cornelis Van Dam, este că „întreaga congregație a trebuit să participe la găsirea unei

---

un martor ocular; și (2) au fost trimiși personal de Isus. Gândește-te, de exemplu, la argumentația logică din pasaje precum Faptele Apostolilor 1:21-26; 1 Cor. 9:1; 15:7 și 2 Petru 1:16.

[7] Pentru mai multe detalii despre rolul prezbiterilor, vă recomand excelenta carte a lui Jeramie Rinne din această serie, intitulată *Church Elders: How to Shepherd God's People Like Jesus* (Wheaton, IL: Crossway, 2014). Cartea este disponibilă gratuit în format electronic în limba română la Editura MAGNA GRATIA, magnagratia.org.

soluții, chiar dacă problema viza doar o parte din congregație".[8] Ei erau mai mulți membri, dar un singur trup.

Este clar că implicarea congregației nu este contrară rolului de lideri asumat de păstorii bisericii. De exemplu, iată cum arată în mod obișnuit procesul de desemnare a diaconilor în biserica unde merg eu:

> 1. Prezbiterii sunt cu ochii pe candidații care s-ar califica să slujească în diaconie, în lumina nevoilor diaconale specifice.
>
> 2. Prezbiterii primesc întotdeauna cu bucurie, și periodic solicită recomandări din partea congregației pentru slujirea de diacon.
>
> 3. Prezbiterii aleg un candidat și îi trimit un chestionar (v. Anexa 2).
>
> 4. Presupunând că acel candidat dorește să slujească și că prezbiterii consideră că alegerea este bună, prezbiterii nominalizează candidatul înaintea congregației, la adunarea generală a membrilor.
>
> 5. Congregația are la dispoziție o lună pentru a pune întrebări în privat și pentru a cunoaște mai bine candidatul, dacă așa dorește.
>
> 6. Cu ocazia adunării generale a membrilor de luna următoare, congregația votează pentru sau contra desemnării candidatului respectiv la slujirea diaconală.

---

[8] Van Dam, *The Deacon*, p. 53.

Că veni vorba, ultimul pas nu este o simplă formalitate. Congregația are un acces real la frâna de urgență, chiar dacă prezbiterii sunt la volan. Cu toate acestea, frâna de urgență este folosită rareori într-un vehicul sănătos. Ar fi o deficiență spirituală gravă dacă o biserică are fie „lideri care nu sunt vrednici de încredere, fie membri incapabili să aibă încredere în liderii lor".[9]

3. Caracterul este obligatoriu

Conform versetului 3, candidații la slujirea diaconală trebuie să satisfacă următoarele criterii:

- **să fie „vorbiți de bine".** Cu alte cuvinte, ei trebuie să fie vrednici de respect, cunoscuți atât pentru caracter cât și pentru purtare. Apostolul Pavel va sublinia această calitate în 1 Timotei 3:8-12, unde el cere ca diaconii să fie „cinstiți", sau „vrednici de respect" (cf. NIV). În capitolul următor vom face o discuție detaliată a acestui pasaj biblic.

- **să fie „plini de Duhul Sfânt".** Creștini fiind, ei vor fi locuiți de Duhul Sfânt; ca niște creștini maturi, ei trebuie să fie cunoscuți pentru supunerea față de călăuzirea Duhului în viețile lor. Aceștia nu sunt credincioși care să se considere pe sine ca ajunși spiritual; dimpotrivă,

---

[9] Mark Dever, *Understanding Church Leadership*, Church Basics, ed. Jonathan Leeman (Nashville: B&H, 2016), p. 37.

ei își văd slăbiciunile și sunt zilnic hotărâți să se sprijine pe Duhul atotputernic al lui Dumnezeu.

- **să fie „plini de înțelepciune".** A fi plini de Duhul înseamnă să fie plini tot mai mult de înțelepciune. La urma urmei, El este „Duhul de înțelepciune" (Efes. 1:17), care le promite cu generozitate acest dar credincioșilor care îl cer (Iacov 1:17; cf. 1 Cor. 2:13; Col. 1:9). O astfel de înțelepciune nu este una care să le dea aere de superioritate celor care o au. Cei mai buni slujitori ai bisericii ar trebui să fie cunoscuți pentru înțelepciunea lor practică.

Nu cred că mai este nevoie să subliniez că cei șapte nu erau niște nepricepuți spiritual; ei erau slujitori strașnici. Dacă ar fi să folosim cuvintele lui Alexander Strauch, „congregația i-a ales pe cei mai buni ca să aibă grijă de cei mai slabi".[10]

4. Participarea la lucrare este împărțită

Așa cum am văzut, apostolii nu minimizează plângerea eleniștilor. În fapt, corectarea situației nu este considerată o opțiune, ci o „slujbă" (F.A. 6:3). Cu toate acestea, ei crede că interesele întregii biserici – inclusiv ale văduvelor – vor fi cel mai bine slujite printr-o împărțire strategică a

---

[10] Alexander Strauch, *Paul's Vision for the Deacons* (Colorado Springs: Lewis & Roth, 2017), p. 82n1.

lucrării. În loc să riște să se abată de la propovăduirea Cuvântului și de la rugăciune, apostolii desemnează un grup separat de credincioși care să coordoneze rezolvarea problemei.

Aceasta nu a fost o separare în două echipe spirituale, una de seniori și una de juniori. Observația lui Thabiti Anyabwile în acest sens este mișcătoare:

> Pentru sensibilitățile moderne, expresia „a sluji la mese" are uneori conotația unei poziții înjositoare. Oamenii slujesc la mese când lucrează ca să se întrețină în școală sau până își găsesc o slujbă mai bună. Oamenii privesc această slujbă ca un sacrificiu necesar pentru a se putea descurca. Dar cât de diferită este situația în biserica Domnului! Sub inspirația Duhului lui Dumnezeu, apostolii par să fi creat o slujire cu totul nouă în biserică, care are rolul specific de a sluji la mese. Iar noblețea slujirii se vede în (a) caracterul celor chemați să o îndeplinească („plini de Duhul Sfânt și te înțelepciune", v. 3), (b) în faptul că acest lucru facilitează propovăduirea Cuvântului și rugăciunea, și (c) în efectul unificator și ziditor pe care ea îl are asupra întregii biserici. Slujba diaconală este importantă![11]

Împărțirea strategică a lucrării pe care o vedem ca model în Fapte 6 a fost un semn al tăriei în prima biserică, și este un semn al tăriei și în bisericile noastre. Păstorii

---

[11] Thabiti Anyabwile, *Finding Faithful Elders and Deacons* (Wheaton, IL: Crossway, 2012), p. 20-21.

(sau diaconii) care încearcă să facă totul de unii singuri, sfârșesc făcând un deserviciu față de toți.

DIACONII SUNT CEI CE ABSORB ȘOCURILE

Una din multele lecții legate de diaconi din Fapte 6, probabil cea mai trecută cu vederea, ține de rolul lor strategic în ocrotirea unității congregației. Cei șapte n-au fost desemnați doar ca să rezolve o problemă alimentară. Da, circumstanța avea legătură cu hrana, dar nu aceasta era problema cea mai profundă. Cea mai profundă problemă era amenințarea bruscă la adresa unității bisericii.

Fapte 6 ne servește drept model remarcabil de rezolvare a conflictelor în biserica locală, în special dacă ne gândim cine erau implicați: eleniștii și evreii. Eleniștii (v. 1) erau evrei care imigraseră în Ierusalim din alte părți ale Imperiului Roman. Cel mai probabil că mulți veniseră în Ierusalim pentru sărbătoarea Cincizecimii și plănuiseră să se întoarcă acasă după aceea, neașteptându-se să audă un mesaj care avea să le schimbe traiectoria vieții pentru totdeauna. Luca ne spune că, la predicarea lui Petru, trei mii de persoane au fost convertite, botezate și adăugate bisericii din Ierusalim (F.A. 2:41) – și putem fi siguri că în aceștia au fost incluși mulți eleniști care aleseseră să rămână în Ierusalim. (Ei nu aveau biserici în localitățile de unde proveneau, căci cea din Ierusalim era prima.)

Evreii nativi, în schimb, nu veneau „din afară"; ei crescuseră în pământ palestinian. Astfel, ei se considerau mai autentic evrei decât acești venetici eleniști, care vorbeau mai bine limba păgânilor decât pe cea a lui Isus.[12] Și totuși, diferențele nu erau doar de limbă; ele cuprindeau și aspecte etnice și de cultură.[13] Chiar și istoricii seculari ai vremii au scris despre animozitatea ce exista între aceste grupuri, în ciuda religiei lor iudaice comune.[14]

Iată de ce Fapte 6 este mult mai mult decât o dispută culinară. Apostolii erau confruntați cu o falie naturală care amenința să fractureze însăși unitatea pentru care Hristos murise. La urma urmei, Evanghelia insistă că unitatea noastră în Hristos înlătură orice diferențe pământești. Așadar, situația este clară: apostolii nu le-au delegat rezolvarea acestei probleme altora pentru că ea *nu* li s-ar fi părut importantă, ci *tocmai* de aceea. Ei ar fi putut impune o soluție rapidă și superficială, și să meargă înainte, dar, în schimb, ei au pus temelia unei soluții continue și a unei slujiri permanente în biserică.

De aceea, cum a răspuns congregația la aceasta? Nu trece în grabă peste versetul 5:

---

[12] Adică ei vorbeau fluent greaca, nu aramaica. Vezi I. Howard Marshall, *The Acts of the Apostles: An Introduction and Commentary* (Grand Rapids, MI: Eerdmans, 1988), p. 125-26.
[13] Stott scrie: „[Evreii greci] nu doar că vorbeau grecește, ci și gândeau și se purtau ca grecii, în timp ce [evreii israeliți] nu doar că vorbeau aramaica, ci erau și profund înrădăcinați în cultura ebraică... Este evident că a existat dintotdeauna o rivalitate între aceste grupuri în societatea ebraică; tragedia este că acest conflict s-a perpetuat și a pătruns și în noua comunitate a lui Isus care, prin moartea Lui, a abolit astfel de deosebiri" (Stott, *Message of Acts*, p. 120-21).
[14] K. C. Hanson și Douglas E. Oakman, *Palestine in the Time of Jesus: Social Structures and Social Conflicts* (Minneapolis: Augsburg Fortress, 1998), p. 149.

Vorbirea aceasta [a apostolilor] i-a plăcut întregii adunări. I-au ales pe Ștefan, bărbat plin de credință și de Duhul Sfânt, pe Filip, pe Prohor, pe Nicanor, pe Timon, pe Parmena și pe Nicolae, un prozelit din Antiohia.

Care este sensul acestei liste? De ce s-a deranjat Luca să menționeze aceste nume? Cel mai probabil pentru că *toate sunt nume grecești!*

Acest lucru este remarcabil. Aproape că îți poți închipui cum a zburat vestea în acea vreme: „Congregația majoritar evreiască a ales șapte lideri eleniști". Tocmai minoritățile care au simțit țepușul distribuției neechitabile a hranei sunt cele cărora li se dă glas, sunt însărcinate și împuternicite să ia decizii în numele întregii biserici.[15]

Lista numelor este elementul ascuns din întreaga întâmplare. Evreii din biserică par să fi prețuit unitatea atât de mult, încât s-au întors pentru a avea grijă de surorile lor eleniste – chiar până acolo încât și-au încredințat *propriile* văduve în grija acestor frați care veneau dintr-o cultură greacă nefamiliară lor.

Alegerea celor șapte nu a avut de-a face cu vreun act de corectitudine politică sau cu satisfacerea vreunei proporții arbitrare, ci cu solidaritatea celor uniți prin legământ și

---

[15] Marshall scrie: „Pare probabil că bărbații desemnați au fost aleși din partea vorbitoare de greacă a bisericii, parte care a și venit cu plângerea la început... Cele șapte nume ale lor sunt toate nume grecești, ceea ce sugerează că ei nu erau iudei palestinieni" (Marshall, *The Acts of the Apostles*, p. 125, 127).

cu „întâietatea" dată altora în cinste (Rom. 12:10).

Având în vedere problema esențială cu care se confruntau cei șapte, putem trage concluzia că diaconii ar trebui să fie cei care *liniștesc* undele de șoc, nu cei care le fac să meargă mai departe. Oamenii certăreți sunt diaconi slabi, căci ei nu fac decât să alimenteze durerile de cap pe care diaconii sunt meniți să le aline. De aceea, cei mai buni diaconi sunt mai mult decât niște buni manageri sau meșteri pricepuți. Ei sunt aceia înzestrați cu „radare fine" care detectează conflictele. Lor le plac mai mult soluțiile decât drama și se ridică să răspundă la probleme, în modalități constructive și creative, pentru a promova armonia întregii biserici.

Extrăgând implicațiile pasajului din Fapte 6, Mark Dever și Paul Alexander ne oferă un rezumat reușit:

> De aceea, diaconii slujesc având grijă de nevoile fizice și financiare ale bisericii, și fac acest lucru într-un fel în care vindecă dezbinările, aduc unitate sub călăuzirea Cuvântului și susțin conducerea bisericii de către prezbiterilor. În absența acestei slujiri practice a diaconilor, prezbiterii nu vor fi eliberați pentru a se dedica rugăciunii și slujirii oamenilor prin Cuvânt. Prezbiterii au nevoie de diaconi ca să slujească practic, iar diaconii au nevoie de prezbiteri ca să conducă spiritual.[16]

---

[16] Mark Dever și Paul Alexander, *The Deliberate Church: Building Your Ministry on the Gospel* (Wheaton, IL: Crossway, 2005), p. 132.

DIACONII REZOLVĂ PROBLEME

O ultimă lecție pentru diaconi reiese din această circumstanță. Am observat deja delegarea de către apostoli și implicarea congregației, chiar cu autoritate, în procesul de luare a deciziilor. Dar apostolii nu doar că nu îi spun bisericii pe cine să aleagă, ci ei nu îi spun bisericii nici ce ar trebui să facă cei aleși. Cei șapte sunt chemați să rezolve problema distribuției hranei, dar lor nu li se dau instrucțiuni detaliate despre *cum* să facă acest lucru. Nu este de mirare că ei trebuiau să fie oameni „plini de înțelepciune" (v. 3)!

Diaconii nu ar trebui să aibă o simplă dorință de ocrotire a unității bisericii. Ei ar trebui să aibă și priceperea de a rezolva probleme; mai specific, să rezolve probleme cu *scopul* de a ocroti unitatea. De aceea, în capul listei cerințelor de caracter pentru un astfel de slujitor (1 Tim. 3:8-12), un candidat ideal la slujirea diaconală ar trebui să aibă dovezi ale întruchipării și încurajării următorului ciclu: el vede o problemă → vrea să ocrotească unitatea → gândește creativ → rezolvă problema.

Cei șapte au primit o libertate considerabilă în modalitatea de a trata problema cu care biserica din Ierusalim se confrunta. Același lucru ar trebui să fie aplicabil și diaconilor din zilele noastre. Aranjamentul funcționează, totuși, doar dacă acești slujitori sunt cunoscuți pentru rezolvarea problemelor, nu pentru perpetuarea lor.

LUCRARE FĂRĂ ZGOMOT, EFECT PROFUND

Lucrarea unui diacon are loc adesea fără zgomot, dar efectul ei este profund. Luca nu vrea ca noi să ratăm acest lucru. Așa cum am văzut mai devreme, ce anume a survenit după criză și după constituirea grupului de diaconi?

> Cuvântul lui Dumnezeu se răspândea tot mai mult, numărul ucenicilor se înmulțea mult în Ierusalim, și o mare mulțime de preoți veneau la credință (v. 7).

Faptele Apostolilor 6:1-7 nu este doar o paradigmă pentru slujirea diaconală. Acest pasaj ne aduce aminte și că lucrarea diaconilor, deși deseori concentrată pe nevoile fizice și administrative, are implicații spirituale uriașe. Există o legătură inseparabilă între truda unui diacon și lucrarea înfloritoare a Cuvântului. Lucrarea publică este imposibilă fără slujirea privată. Dacă cei șapte nu i-ar fi eliberat pe apostoli astfel încât să se focalizeze pe învățătură și rugăciune (v. 4), Evanghelia nu s-ar fi răspândit (v. 7).

De aceea, lucrarea unui diacon este încărcată de importanță. Efectele ei duc până în veșnicie. Păziți-vă ca nu cumva să îi considerați pe diaconi doar ca aceia care fac muncă manuală sau se pricep să lucreze cu un tabel în Excel. Ștefan a fost unul dintre cei șapte, iar în capitolul următor din Scriptură, el devine primul martir al bisericii. Filip a fost și el unul dintre cei șapte, și, după două capitole, îl regăsim propovăduind Evanghelia către samariteni (8:4-8) și către oficiali africani (8:26-40). Îl regăsim chiar și în jurnalul de misiune al lui Pavel: „A doua zi, am plecat și am ajuns la Cezarea. Am intrat în casa lui Filip evanghelistul, care era unul dintre cei șapte, și am găzduit la el" (F.A. 21:8). A fi parte dintre cei șapte nu l-a limitat pe Filip la slujirea la mese. Deși nu a fost un apostol, fratele acesta a fost o veritabilă mașină de propovăduit Evanghelia, încât a devenit cunoscut nu ca „Filip, diaconul", ci ca „Filip, evanghelistul".

Perspectiva Bibliei asupra diaconilor este glorioasă. Haideți să nu avem noi una inferioară acesteia.

3

LUCRURILE ELEMENTARE
Ce trebuie să fie diaconii?

Imaginează-ți o biserică obișnuită. O vom denumi Middletown Community. Mai mulți membri ai congregației sunt cunoscuți și respectați, chiar dacă din diferite motive. Leroy este cel mai de succes om de afaceri. Shelby este cel mai generos. Keith poate să repare orice. Alex este membru de aproape 40 de ani. Juan speră să ajungă în final un prezbiter.

Este vreunul dintre ei calificat să fie diacon?

Una dintre tragediile din viața bisericii de azi este lipsa atenției către ce sunt (și ce nu sunt) diaconii din punct de vedere biblic. Multe biserici par să fie mulțumite să își continue existența din tradiție în tradiție pe această temă, Bibliile rămânând închise.

Ca să fiu corect, eu înțeleg ezitările:

- „Nu am energia să schimb drastic situația. Data trecută nu a ieșit deloc bine".
- „Un lider înțelept trebuie să știe să își aleagă

luptele în care să se amestece. Cu siguranță că aceasta nu este atât de presantă".

- „Dacă nu s-a stricat nimic, de ce să mă apuc să repar?"

Astfel de raționamente *pot* părea că reprezintă calea înțelepciunii. Peisajul eclesial este plin-ochi de epave de biserici ale căror lideri fie au mișcat lucrurile prea repede în chestiuni majore, fie i-au acordat o atenție exagerată unui lucru minor, care nu merita atât tam-tam. De aceea, nu pun sub semnul întrebării motivațiile sau instinctele păstorilor ce iubesc Evanghelia, care sunt ezitanți să-și păstorească turma către o înțelegere diferită a subiectului diaconilor. Cu siguranță că așa ceva este mai ușor de zis decât de făcut.

Și totuși, noi toți trebuie să ne confruntăm cu adevărul stânjenitor că Isus nu se joacă cu vorbele când se adresează liderilor care se alipesc de tradiție în chestiuni despre care Dumnezeu ne-a vorbit deja (ex. Matei 15:1-9). Iar caracterul unui diacon este unul dintre lucrurile despre care Dumnezeu a vorbit.

A ignora ceea ce Biblia spune despre diaconi nu este doar ceva greșit sau expresia unei gândiri pe termen scurt. Este și un lucru ciudat. De ce? *Pentru că Biblia nu spune multe lucruri despre diaconi.* Din nou, oare acesta nu ar trebui să fie cu atât un motiv pentru care să luăm în serios revelația pe care o avem?

O CHESTIUNE CARE NU ESTE NICI PRIVATĂ, NICI OPȚIONALĂ

Epistola pe care noi o știm sub numele de 1 Timotei nu este o notă privată trimisă unui prieten. Da, Pavel îi scrie personal lui Timotei, dar nu privat. Apostolul a conceput epistola ca un document public pentru călăuzirea tuturor bisericilor, nu doar a turmei păstorite de Timotei la Efes. A fi sensibil cultural nu înseamnă să fii relativ cultural.

Primul indiciu al aplicabilității universale a epistolei se poate vedea în felul în care Pavel își prefațează învățăturile despre închinarea comună: „Vreau dar ca bărbații să se roage în orice loc..." (1 Tim. 2:8). Cu alte cuvinte, „Timotei, ceea ce îți scriu ție aici se aplică *pretutindeni*, nu doar în Efes".[1] Dar cea mai clară afirmație a lui Pavel apare în capitolul următor:

> Îți scriu acestea sperând să vin la tine mai curând; iar dacă voi întârzia, ca să știi cum trebuie să se poarte cineva în casa lui Dumnezeu, care este Adunarea Dumnezeului celui viu, stâlp și temelie a adevărului (1 Tim. 3:14-15, GBVN).

Dacă 1 Timotei conține o declarare a scopului pentru care a fost scrisă, atunci ea se găsește sigur în aceste versete. Observați trei lucruri.

1. Învățăturile lui Pavel din această epistolă îi sunt

---

[1] De asemenea, nu rata felul în care Pavel își încheie epistola: „Harul să fie cu voi" (1 Tim. 6:21). „Voi" este plural, indicând că nu se adresa doar lui Timotei.

transmise *lui* Timotei, dar ele se aplică *tuturor*. Observați că preocuparea lui este legată de felul în care „cineva" – adică orice persoană, nu doar Timotei – ar trebui să conducă biserica lui Dumnezeu.

2. Pavel nu vine aici cu sugestii, idei strategice sau „bune practici". Timotei primește o epistolă conținând porunci inspirate divin. Observați că Pavel nu spune că el ar fi revelat felul în care cineva *ar putea* să se poarte în biserică. El spune *cum trebuie*, o expresie plină de forță morală.

3. Care sunt „acestea", lucrurile menite să guverneze practica bisericii? Eu cred că Pavel se referă la conținutul întregii epistole, dar care este contextul imediat? Care sunt „aceste" lucruri obligatorii moral la care el se referă? Cerințele calificative pentru diaconi.

După ce enumeră criteriile de eligibilitate pentru slujirea de priveghetor[2], din versetele 1 la 7, Pavel își îndreaptă atenția către slujirea diaconală, în versetele 8 până la 13.

> Diaconii, de asemenea, trebuie să fie cinstiți, nu cu două fețe, nu băutori de mult vin, nu doritori de câștig mârșav: ci să păstreze taina credinței într-un cuget curat. Trebuie cercetați întâi, și numai dacă sunt fără prihană, să fie diaconi. Femeile [sau „nevestele

---

[2] Sau „prezbiter" ori „păstor". În ciuda accentelor ușor diferite, în Noul Testament există trei cuvinte interschimbabile care se referă la aceeași slujire în biserica locală (comp. F.A. 20:17, 28; Tit 1:5, 7; 1 Petru 5:1-2).

CAPITOLUL 3. LUCRURILE ELEMENTARE

lor"][3], de asemenea, trebuie să fie cinstite, neclevetitoare, cumpătate, credincioase în toate lucrurile. Diaconii să fie bărbați ai unei singure neveste, și să știe să-și cârmuiască bine copiii și casele lor. Pentru că cei ce slujesc bine ca diaconi, dobândesc un loc de cinste și o mare îndrăzneală în credința care este în Hristos Isus.

De aceea, ar trebui Leroy, Shelby, Keith, Alex sau Juan să fie desemnați ca diaconi la Biserica Middletown Community? Poate. Dar răspunsul nu depinde de enumerația abilităților lor menționate inițial, ci de ilustrarea în viețile lor a acestui paragraf cu totul important.

MĂSURA VIEȚII UNUI DIACON

Poate că cel mai surprinzător lucru de aici este lipsa relativă de interes a lui Pavel pentru ceea ce potențialii diaconi ar fi în stare să *facă*. Acest paragraf nu se preocupă de un set de îndemânări. El se focalizează pe ce trebuie să *fie* diaconii. (Nu ratați această lecție pe care este ușor să o uităm: lui Dumnezeu Îi pasă mai mult de caracter decât de daruri.[4])

Cerințele diaconale sunt împărțite în trei cerințe exprimate ca negații și trei ca trăsături pozitive, dar prima

---

[3] Vezi Anexa 1 („Pot sluji femeile în lucrarea diaconală?") unde analizez în detaliu acest verset.

[4] Gregg Allison și Ryan Welsh au perfectă dreptate: „Din nefericire, deseori cerințele calificative... sunt înlocuite de pragmatismul urgenței: amăgiți de limitările de timp și de abilitățile umane, păstorii pot să greșească desemnând lideri care au daruri, dar nu se califică din punct de vedere moral" (Gregg Allison and Ryan Welsh, *Raising the Dust: "How-To" Equip Deacons to Serve the Church* [Louisville: Sojourn Network, 2019], p. 11).

este una care se manifestă ca un steag ridicat peste întreaga listă: diaconii trebuie să fie „cinstiți" (sau „vrednici de respect"). Asta nu înseamnă că ei trebuie să fie perfecți, ci că trebuie să fie smeriți, că se pocăiesc și sunt modele de urmat pentru turmă. Așadar, ce înseamnă, practic vorbind, să fii vrednic de respect? Pasajul ne vorbește despre șase lucruri.

Pavel vine mai întâi cu lista de cerințe exprimate ca negații sau interdicții – anume ce trebuie să *nu* fie un diacon. Toate trei se referă la un anumit rod al Duhului: stăpânirea de sine.

1. Nu cu două fețe

Diaconii calificați se străduiesc să își stăpânească limba. Deoarece diaconii sunt chemați la slujirea altora, ei vor avea nenumărate interacțiuni cu oamenii. Iar aceste interacțiuni nu vor fi întotdeauna cu cei mai strălucitori dintre sfinți. De multe ori, ei vor avea de-a face cu oameni în suferință sau lupte, iar unii dintre aceștia vor fi nemulțumiți și înclinați să se plângă.

În toate aceste interacțiuni, diaconul trebuie să manifeste compasiune, rămânând vigilent. Diaconii care împlinesc rolul biblic:

- Își vor păzi *limba* de divulgarea de informații pe care persoana slujită nu ar trebui să le știe sau nu trebuie să le știe. „*Da, păstorul Mike poate să fie câteodată în felul ăsta. Rămâne între noi, dar aceasta este o luptă mare de dus și pentru noi, diaconii".*

- Își vor păzi *urechile* astfel încât să nu fie părtași bârfei sau clevetirii împotriva liderilor bisericii sau a altor membri din adunare. *"Da? A spus ea asta? Eram deja suspicios, dar de acum chiar că voi sta la distanță de ea!"*

- Își vor păzi *limbile* (iar) de bârfă sau clevetire când vor relua discuții avute anterior sau informații transmise către alții. După ce aud lucruri sensibile sau "piperate", este dificil să nu fii tentat să le transmiți mai departe – poate chiar lansându-le sub forma unui "motiv de rugăciune". *"Da, da, trebuie cu adevărat să ne rugăm pentru Earl – încă nu pare să își dea seama ce se petrece cu el".*

A fi cu două fețe nu este un defect minor sau un capriciu în personalitate; este un simptom al mândriei și ipocriziei. Înseamnă să îi spui ceva unui grup de oameni, după care să spui sau să insinuezi altceva față de un alt grup de oameni. A fi cu două fețe este un indiciu al fricii de oameni, iar un diacon mânat de frica de oameni poate distruge o întreagă biserică.

S-a observat că lingușeala presupune să îi spui cuiva un anume lucru pe care nu i l-ai spune când îl vorbești pe la spate, în timp ce bârfa înseamnă să spui ceva pe la spatele cuiva, lucru pe care nu i l-ai spune în față.[5] Un diacon calificat le evită insistent pe ambele. Dar când un diacon trăiește ca să le fie pe plac oamenilor, această înfrânare se va dovedi imposibilă, căci doar frica de Dumnezeu poate alunga frica de oameni.

Satana va face tot ce îi stă în putință ca să pună piciorul în casa Celui care îi este vrăjmaș (Efes. 4:27). Un diacon matur nu va folosi cuvinte pentru a face spărturi în ușă.

2. Nu băutori de mult vin

Diaconii nu trebuie să se stăpânească doar în vorbite, ci și în poftele lor. Acest standard interzice beția (cf. Efes. 5:18) și este de asemenea o provocare la adresa oricărui lucru care i-ar înrobi diaconului inima sau i-ar afecta judecata clară.

Este posibil ca Pavel să fi inclus această cerință calificativă pentru că natura lucrării diaconale avea să presupună uneori aducerea de vin pentru cei bolnavi, din rațiuni medicale (1 Tim. 5:23). Dar oricare ar fi scopul, principiul este clar: diaconii calificați nu se vor complace în pofte de acest fel și nu vor abuza de substanțe care să le împiedice lucrarea sau mărturia.

---

[5] R. Kent Hughes, *Disciplines of a Godly Man*, tenth anniversary ed. (Wheaton, IL: Crossway, 2006), p. 139.

3. Nu doritori de câștig mârșav

Diaconii care își îndeplinesc mandatul biblic își vor controla vorbirea, poftele dar și *portofelele* (mai specific, ce intră în portofelele lor). Deși aceste virtuți sunt semne caracteristice oricărui credincios matur, natura specifică a lucrării diaconale îi va pune uneori pe aceștia în contact cu banii bisericii. De aceea, Pavel lansează un avertisment împotriva desemnării ca diacon a oricărui om cunoscut pentru că este înșelător, care o ia pe scurtături morale sau care este obsedat de bani. O persoană lumească, materialistă, va avea probleme cu lăcomia, lucru care, în schimb, va alimenta ispita către câștig necinstit. Prin urmare, acesta este un domeniu în care diaconii trebuie să manifeste o stăpânire de sine indubitabilă.

După enumerarea acestor trei cerințe calificative exprimate prin negații, Pavel își îndreaptă atenția către trăsăturile de caracter exprimate afirmativ.

4. Să păstreze taina credinței într-un cuget curat

Poate să ni se pară un lucru ușor să presupunem că diaconii – ca urmare a dimensiunii practice a lucrării lor – nu trebuie să știe prea multă doctrină. *Lucrarea diaconală este lucrarea mâinilor, nu a minții*, ar putea crede cineva. *Nu ar putea diaconii să rămână la lucrarea lor și să lase teologia pe mâna păstorilor?* Potrivit Scripturii, nu. Este adevărat că responsabilitatea primară pentru darea de învățătură și pentru conducere se află în dreptul prezbiterilor bisericii – iar rolurile prezbiterilor nu trebuie confundate cu cele ale diaconilor – dar diaconii nu sunt scutiți de cunoașterea Bibliei. În fapt, aceștia din urmă se vor afla de multe ori în situații în care vor avea oportunitatea de a transmite adevăruri biblice. De aceea, întrebarea nu este dacă diaconii vor fi teologi sau nu, ci dacă vor fi unii buni.

Când Pavel folosește cuvântul „taină", după cum o face adesea, el nu se referă la un gen literar roman. El se referă la adevărul divin ce a fost cândva ascuns, iar acum este revelat. El se referă la conținutul Evangheliei și al doctrinei creștine. Observați că, de fapt, această cerință calificativă scurtă cere de la potențialii diaconi următoarele trei lucruri:

- Ei trebuie să aibă *cunoașterea* credinței. Acest lucru este implicit și evident, căci nimeni nu poate păstra ceea ce nu cunoaște. Un diacon calificat va fi sârguincios să crească în înțelegerea clară a lui Dumnezeu, a omului, a lui Hristos, a mântuirii și așa mai departe. Asta nu înseamnă că diaconul trebuie să fie cel mai avid cititor din biserică, ci că el va fi înfometat după a învăța lucrurile lui Dumnezeu.

- Ei trebuie să *păstreze* credința. Diaconul înrădăcinează adânc în inima lui adevărurile pe care le cuprinde cu mintea. Oricine este stânjenit de adevărurile biblice care intră în coliziune cu tendințele culturale curente încă nu se califică să slujească în lucrarea diaconală. Cuvântul lui Dumnezeu este prețios; căutați-i pe cei care îl primesc cu smerenie și bucurie.

- Ei trebuie să își *trăiască* credința. Nu este suficient să știi și să păstrezi ce este adevărat; Pavel insistă ca diaconii să trăiască având o conștiință curată.[6] Desigur, acest lucru face referire la cerințele calificative anterioare, pentru că ipocrizia – exprimată fie prin vorbirea duplicitară, prin dependențele ținute în secret sau prin banii câștigați pe căi necinstite – vor afecta, puțin câte puțin, această cerință de a avea o conștiință curată. Dar un diacon care are conștiința curată va fi un om cu integritate morală și curaj. Îmi aduc aminte de cuvintele lui Atticus Finch din cartea lui Harper Lee, *To Kill a Mockingbird:* „Singurul lucru care nu se decide prin votul majorității este conștiința omului".[7] Claritatea conștiinței nu este standardul suprem, din cauză că noi avem conștiințele decăzute, dar este unul important. Un

---

[6] O carte utilă pe tema conștiinței este Andrew David Naselli și J. D. Crowley, *Conscience: What It Is, How to Train It, and Loving Those Who Differ* (Wheaton, IL: Crossway, 2016). O resursă mai condensată pe aceeași temă este cartea lui Kevin DeYoung, *The Art of Turning: From Sin to Christ for a Joyfully Clear Conscience* (LaGrange, KY: 10Publishing, 2017).

[7] Harper Lee, *To Kill a Mockingbird* (New York: Grand Central, 1960), p. 140.

diacon care are o conștiință sănătoasă va avea o relație apropiată cu Dumnezeu prin mărturisirea și pocăința autentică și continuă de păcat (cf. 1 Ioan 1:9).

5. Testați și dovediți calificați

De câte ori nu au fost rănite bisericile de diaconi care nu trebuiau să fie aleși pentru asta! Și de câte ori n-au fost prevenite dezastre în biserici luând aminte la cerința ca diaconii să fie „cercetați întâi" și „dovediți fără repros" (cf. lit. ESV)?

Îmi imaginez că un motiv pentru care acest standard poate ajunge ignorat este că Pavel nu este explicit în legătură cu natura cercetării. Ce ar trebui să presupună procesul și cât să dureze? Fiecare biserică trebuie să manifeste înțelepciune și să se roage pentru discernământ. Totuși, ceea ce nu este negociabil este că trebuie să existe o perioadă de testare.

Așa cum am menționat mai devreme, în biserica mea trebuie să aibă loc trei pași înainte ca un membru să devină diacon. Mai întâi, prezbiterii vor discuta dacă persoana aceea ar fi potrivită pentru lucrarea diaconală. Dacă cădem de acord că ar putea fi un bun diacon, îl invităm să completeze un chestionar (vedeți Anexa 2), presupunând că dorește să slujească. Acest document valoros le oferă prezbiterilor o imagine mai clară asupra convingerilor candidatului și asupra vieții lui practice, asupra atuurilor și a slăbiciunilor lui. În final, noi nominalizăm acea persoană în adunarea generală a membrilor, încurajând biserica să își rezerve o lună, timp în care să se gândească la potrivirea acelei persoane pentru slujire și să vină cu gânduri către prezbiteri, în discuții private. Toate acestea au loc înainte ca biserica să voteze oficial desemnarea acelei persoane la slujirea diaconală. Fiecare biserică își va cerceta diferit candidații la slujirea de diacon. Și este ceva normal. Procesul descris anterior a funcționat bine în contextul bisericii mele, care este unul congregaționalist, biserica fiind condusă de prezbiteri, dar ceea ce contează cel mai mult este ca biserica să aibă mijloace de a verifica într-un fel sau altul caracterul și competența potențialilor diaconi – înainte de a fi prea târziu. Pavel include această cerință pentru ocrotirea trupului prețios al lui Hristos.

6. Să aibă o viață de familie credincioasă

Cerința finală a lui Pavel este ca evlavia diaconului să se aplice persoanelor cu care se află în cele mai apropiate relații. Nu, ar fi greșit: ea trebuie să *înceapă* cu persoanele cu care se află în cele mai apropiate relații.

Dacă un bărbat este căsătorit, el trebuie să își iubească soția și să îi fie credincios doar ei – să fie bărbatul unei singure neveste.[8] Biserica ta poate întotdeauna să găsească un alt diacon, dar soția unui diacon nu își poate găsi

---

[8] Este divorțul din trecutul cuiva un element descalificator automat și permanent de

un alt soț. Slujirea soțului/soției este terenul suprem de pregătire pentru slujirea sfinților.

Dacă diaconul are copii, el trebuie să îi crească într-o atmosferă de fermitate blândă și dragoste bucuroasă, stabilind nu doar crezul, ci și morala din familia sa. Cu alte cuvinte, el trebuie să își gestioneze familia cu sârguință și chibzuință, pregătindu-și astfel inima proprie pentru slujirea bisericii în aceeași manieră.

Apostolul nu putea fi mai clar de atât: cel ce este un soț sau un tată delăsător nu poate fi un bun diacon. A fi un „bărbat familist bun" nu este un bonus în luarea în considerare a cuiva pentru a sluji ca diacon, ci este o cerință obligatorie.

FĂGĂDUINȚA

Înainte de a trece dincolo de subiectul diaconilor, Pavel subliniază încă un aspect critic. El știe că slujirea diaconală nu este pentru cei slabi de inimă. Mare parte din ea nu atrage cuvinte de mulțumire – nefiind o muncă pe scenă, în văzul altora, ci o lucrare grea. Așadar, ce anume îl va împiedica pe diacon să continue să slujească în ciuda epuizării și descurajării? O făgăduință:

---

la slujirea diaconală? Nu sunt convins că da. Cerința de a fi „bărbatul unei singure neveste" ține de credincioșia față de soția actuală. Care este reputația prezentă a acelei persoane? Poate fi el un model de credincioșie în a-L urma pe Hristos? Eu nu cred nici că acei creștini necăsătoriți, fie că nu au fost căsătoriți niciodată, fie că au ajuns văduvi, s-ar descalifica inerent. Cerința de a fi „bărbatul unei singure neveste" se referă la fidelitatea indubitabilă în toate relațiile cuiva.

Pentru că cei ce slujesc bine ca diaconi, dobândesc un loc de cinste și o mare îndrăzneală în credința care este în Hristos Isus (1 Tim. 3:13).

Un diacon credincios va primi două daruri într-o măsură tot mai mare: respect și îndrăzneală. Primul provine orizontal, de la biserică; celălalt vine pe verticală, de la Dumnezeu. Având în vedere forma „îndreptată în jos" a lucrării diaconale, această făgăduință a respectului este cu totul deosebită, nu-i așa? Deși chemarea la slujire diaconală nu este una plină de farmec, răsplata este glorioasă. Între timp, chemarea făcută de Pavel în Galateni 6:9 i se aplică fiecărui diacon: „Să nu obosim în facerea binelui; căci la vremea potrivită, vom secera, dacă nu vom cădea de oboseală".

Se simt respectați diaconii din biserica ta? Știu cât de mult le apreciezi slujirea? Înainte de a trece la capitolul următor, dedică-ți un moment pentru încurajarea unui diacon din biserica ta. Dă-le un telefon. Cumpără-le un card-cadou. Oferă-te să ai grijă de copiii lor. Trimite-le un email de mulțumire. Fă ceva pentru a sufla un pic în pânzele lor – „ce bună este o vorbă spusă la vreme potrivită!" (Prov. 15:23; cf. 25:11; 16:24). Astfel de încurajări sunt spre binele turmei și spre gloria lui Dumnezeu.

OARE N-AM MAI AUZIT ACESTE LUCRURI?

Mie mi se pare interesant că standardele lui Pavel pentru diaconi nu ajung la urechile celor din biserica din

Efes (unde Timotei slujea) pentru prima dată. Paralelele tematice dintre epistola lui mai generală către membrii din biserica din Efes, scrisă în jurul anului 60 d.Hr., și cerințele calificative pentru diaconi, enumerate în 1 Timotei 3:8-13, epistolă scrisă în jurul anilor 62-64 d.Hr., sunt izbitoare.

Un diacon trebuie...	Efeseni
să nu fie cu două fețe	4:29
să nu fie băutori de mult vin	5:18
să nu fie doritori de câștig mârșav	4:28; 5:5
să păstreze taina credinței într-un cuget curat	3:1-10
să fie credincioși în căsnicie	5:22-33
să-și cârmuiască bine copiii	6:1-4
Un diacon va...	
dobândi o mare îndrăzneală în credință	6:19

De ce sunt importante aceste lucruri? Gândiți-vă doar la ce anume scot ele la iveală. Ele ne arată că, mai presus de orice, un diacon trebuie pur și simplu să fie un creștin credincios. Teologul D. A. Carson a observat că ceea ce este cel mai extraordinar în legătură cu cerințele calificative pentru prezbiteri (1 Tim. 3:1-7; Tit 1:6-9) este cât de normale sunt ele. Aceeași observație se aplică cerințelor calificative pentru diaconi – aici cu atât mai mult cu cât unui diacon nu i se cere să fie „în stare să îi învețe pe alții" asemenea unui prezbiter (1 Tim. 3:2).

Standardele din 1 Timotei 3:8-13 sună o notă care nu se negociază: diaconii trebuie să întruchipeze caracterul care este de așteptat de la toți creștinii. Dar ei trebuie să fie exemplari în aceste trăsături de caracter normale. Diaconii sunt acei oameni din biserica ta despre care ar trebui să poți spune: „Frate, vrei să cultivi unitatea? Soră, vrei să crești în slujirea altora? Uite-te *la ei*".

NICIUN INDICATOR MAI BUN

Sfinții din Biserica Middletown Community îi sunt pe bună dreptate mulțumitori pentru abilitățile manageriale ale lui Leroy, pentru generozitatea lui Shelby, pentru îndemânarea lui Keith de a repara orice, pentru longevitatea lui Alex și pentru dorința lui Juan de a sluji ca prezbiter.

Toate acestea sunt lucruri bune în viața unei biserici – numai că, așa cum am văzut mai devreme, niciunul dintre ele, luat izolat, nu califică pe nimeni să slujească în lucrarea de diacon. Pentru a determina potrivirea pentru slujirea de diacon, congregația va trebui să măsoare viața candidatului prin prisma singurului indicator insuflat de Dumnezeu: setul de cerințe din 1 Timotei 3:8-13.

4

DETALIILE

Ce trebuie să facă diaconii?

Nick a devenit diacon în urmă cu trei ani, și consideră acest lucru un titlu de onoare. Da, el este gata să spună „slavă lui Dumnezeu" pentru orice recunoaștere pe care o primește, dar lucrurile arată de parcă identitatea lui ca membru al bisericii – poate chiar identitatea lui creștină – este strâns legată de poziția lui ca diacon. De aceea, el nu este un tip foarte flexibil. Odată ce lui Nick îi vine o idee, oștirile cerului ar trebui să se pregătească să se plece înaintea lui. La urma urmei, el nu este oricine. Este *diacon*.

Bill a fost desemnat ca diacon când păstorul senior, Chase, era la grădiniță. Având la activ 27 de ani de slujire, Bill nu are de gând să îi permită unui tânăr neexperimentat, chiar dacă bine intenționat, să se amestece peste rolul lui și să i-l „redefinească". *Nu mă îndoiesc că el a învățat niște lucruri interesante la seminarul teologic,* crede Bill, *dar noi trăim într-o lume reală. Eu am slujit această biserică cu mult timp înainte ca acest tinerel, Chase, să fi fost în stare să pronunțe bine cuvântul 'diacon'. Dacă nu-i place felul în care facem noi lucrurile aici, n-are decât să își găsească altă biserică.*

Craig a slujit ca lider al diaconilor timp de zece ani, și este îndrăgit de toți. Încă din primii lui ani, el a rezolvat cu dibăcie mai multe probleme bugetare la rând, care erau cât pe-aci să scufunde biserica. Craig are deopotrivă abilități și influență. Când el vorbește, două lucruri se petrec: oamenii ascultă și lucrurile se rezolvă. În ultimele luni, păstorul Ryan a început să predice pe tema conducerii bisericii, și asta a cam agitat unele ape. Se pare că el a participat într-un sfârșit de săptămână la o conferință, a citit câteva cărți, iar acum vrea să îi retrogradeze pe diaconi. Sau cel puțin așa se pare. Ce alt sens ar putea avea toată această discuție despre „desemnarea prezbiterilor"? Craig, totuși, nu este la fel de îngrijorat cum sunt ceilalți diaconi. *Fraților*, spune el, *noi am slujit de mult timp această biserică, și am făcut-o cu toată credincioșia, dar asta nu înseamnă că nu avem nimic de învățat. Când a fost ultima dată când am studiat ce ne învață Scriptura despre diaconi? Cred că trebuie să îl auzim pe păstorul nostru Ryan, și să vedem ce are de spus.*

FIȘA DE POST

Ultimele două capitole s-au focalizat pe ceea ce diaconul ar trebui *să fie*. Am văzut că nu un set de îndemânări de viață este vital, ci caracterul. Dar caracterul nu este totul. La urma urmei, diaconii nu sunt desemnați ca să stea tăcuți; ei sunt chemați să îndeplinească anumite sarcini.

Haideți să explorăm mai în detaliu ceea ce diaconul este chemat *să facă*. La cel mai general nivel, eu cred că lucrarea diaconală cuprinde trei lucruri în viața unei biserici.

1. Identificarea și împlinirea nevoilor tangibile

O biserică lipsită de diaconi care acționează biblic va fi continuu distrasă de la misiunea ei centrală de a face ucenici (Matei 28:18-20). Acesta era impulsul aparent din spatele deciziei apostolilor de a-i desemna pe cei șapte în Faptele Apostolilor 6: distribuția inechitabilă a alimentelor a stârnit o plângere serioasă și a scos la iveală o falie sensibilă în biserică. Rezolvarea tensiunii era importantă, chiar urgentă. Totuși, apostolii au avut atât convingerea cât și abilitatea de a detecta o amenințare chiar mai mare: rezolvarea de către ei a fiecărei probleme pe termen scurt nu avea decât să bătătorească drumul către un dezastru pe termen lung. Neglijarea lucrării de propovăduire și rugăciune avea să lovească în final în chiar inima bisericii.

De aceea, apostolii au condus congregația în direcția punerii deoparte a celor șapte bărbați, cunoscuți pentru evlavia și înțelepciunea lor, care să coordoneze o soluție. Informată de acest precedent, lucrarea diaconală făcută de-a lungul secolelor s-a focalizat în principal pe nevoi tangibile, în particular pe grija pentru cei săraci și vulnerabili. Lucrarea diaconală nu ar trebui să cuprindă niciodată ceva mai puțin decât o astfel de grijă benevolentă sau lucrare de milostenie. Totuși, principiul mai larg ce definește rolul diaconului, include orice lucru din viața unei biserici care amenință să îi distragă și să îi abată pe prezbiteri de la responsabilitățile lor primare.

Tot acest lucru sugerează că un diacon ar trebui să fie în măsură să identifice nevoi practice, după care să ia inițiativa să le împlinească într-un fel eficient. Dar cei mai buni diaconi nu doar *reacționează* la probleme prezente; ei le și *anticipează* pe cele viitoare.[1] Ei iubesc să gândească soluții creative la orice lucru care ar putea împiedica lucrarea prezbiterilor și de rodire a Cuvântului.

De aceea, diaconii biblici sunt ca linia de fundași a unei congregații, a căror slujbă este să protejeze poarta. Ei rareori primesc atenție, cu atât mai puțin credit, dar truda lor este cu totul indispensabilă atât pentru ocrotirea cât și pentru înaintarea lucrării Cuvântului. În absența diaconilor eficienți, prezbiterii vor suferi de abaterea neîncetată de la lucrarea lor, și se vor împovăra cu un potop de nevoi practice.

Frate păstor, când te gândești la viitorii diaconi, uite-te după acei sfinți evlavioși care văd și împlinesc discret nevoi (ei nu au nevoie de laude și nici nu le doresc) pe

---

[1] William Godfrey spune: „Slujirea diaconală nu ar trebui să se mulțumească să se preocupe doar de nevoile evidente care le apar în cale... Diaconii care nu petrec timp căutând să îi cunoască pe membrii congregației nu pot trage nicio nădejde de a descoperi nevoile care cer atenția și intervenția lor. Astfel, lucrarea diaconilor... trebuie să fie proactivă" (William Godfrey, "Getting Acquainted with the Congregation's Needs", în *Faithful and Fruitful: Essays for Elders and Deacons*, ed. William Boekestein și Steven Swets [Middleville, MI: Reformed Fellowship, 2019], p. 138, 139).

cheltuiala lor (ei jertfesc) și fără să li se ceară (ei iau inițiativa rezolvării problemelor).[2] De aceea, semnele de avertizare legate de un candidat la lucrarea diaconală, nu vor include doar o tendință de a fi certăreț, ci și una de a fi dezorganizat și nedemn de încredere. Iată de ce am afirmat mai sus că, deși este principalul lucru, caracter nu este totul. Un membru evlavios care dispare repetitiv, care nu răspunde niciodată la mesajele email sau care are mereu nevoie să i se spună ce să facă, încă nu este potrivit pentru această slujire. Un diacon trebuie să fie un om pe care te poți baza, care nu tânjește după autoritate și nu are nevoie să fie tot timpul dirijat. În esență, un diacon ar trebui să fie un fel de „pereche sigură de mâini".

Arată-mi o biserică unde păstorii sunt abătuți de la slujba lor, iar misiunea este deraiată, și îți voi arăta o biserică lipsită de diaconi eficienți.

2. Protejarea și stimularea unității bisericii

Slujirea diaconală este gândită să ocrotească armonia bisericii. La fel cum cei șapte au fost însărcinați să protejeze unitatea bisericii din Ierusalim, tot așa diaconii de azi (după cum am văzut) sunt chemați să joace un rol esențial de „atenuare a șocurilor" în viața congregației.

De aceea, un creștin certăreț va fi un diacon ineficient. Dar ce anume ar trebui să *caracterizeze* un diacon?

---

[2] Îi sunt îndatorat lui Jeff Wiesner pentru această exprimare.

Smerenie palpabilă. Un spirit de blândețe. Disponibilitatea de a fi flexibil. Abilitatea de a rămâne la convingeri sănătoase fără să fie combativ.

Una dintre modalitățile de a vedea dacă un candidat la lucrarea diaconală este potrivit pentru acest rol este pur și simplu să vedem dacă viața lui reflectă ușor ceea ce se vede în versete ca acestea:

- *„Ferice de cei împăciuitori, căci ei vor fi chemați fii ai lui Dumnezeu!"* (Matei 5:9). Observați că Isus îi laudă pe împăciuitori, nu doar pe cei ce păstrează pacea. Nu este suficient doar să ne înfrânăm de la lupte; acest lucru poate chiar indica o frică paralizantă de oameni. În schimb, cartea Proverbelor ne învață că „bucuria este pentru cei ce sfătuiesc la pace" (Prov. 12:20). Dacă ești diacon, doar susții frumusețea păcii, sau o și planifici? Te-ar descrie ceilalți ca unul care „caută pacea, și aleargă după ea" (Ps. 34:14)?

- *„Înțelepciunea face pe om răbdător, și este o cinste pentru el să uite greșelile"* (Prov. 19:11). Dacă ești diacon, ești gata să lași ca lucrurile să se facă și după voia altora? Răspunsurile tale față de dezacordurile inevitabile cu alții sunt caracterizate de stăpânire de sine? Nu vorbesc aici despre autoritatea Scripturii sau despre dumnezeirea lui Hristos. Vorbesc despre chestiuni mai neînsemnate, lucruri asupra cărora putem avea diferențe rezonabile de opinie. Sau ești înclinat să tratezi orice problemă ca pe o urgență eclezială?

- *„Vă îndemn, fraților, pentru Numele Domnului nostru Isus Hristos, să aveți toți același fel de vorbire, să n-aveți dezbinări între voi, ci să fiți uniți în chip desăvârșit într-un gând și o simțire. Căci, fraților, am aflat despre voi de la ai Cloei, că între voi sunt certuri"* (1 Cor. 1:10-11). Ca exemple pentru turmă, diaconii ar trebui să fie cei care nu participă la perpetuarea oricărui spirit partizan. Satanei îi place să vadă cum dezbinarea își întinde tentaculele și cum sufocă biserica puțin câte puțin. Dacă ești diacon, ești veghetor în ce privește tacticile lui (2 Cor. 2:11)? Evitarea dezbinării este un lucru bun, dar anticiparea și prevenirea ei este un lucru și mai bun.

- *„Îndemn pe Evodia și îndemn pe Sintichia să fie cu un gând în Domnul"* (Fil. 4:2). Asemenea altora, acest verset nu se adresează doar diaconilor. Totuși, diaconii bisericii ar trebui să fie printre primii care să acționeze ca model al acestui fel de impuls de genul *să fim un gând*. Este clar că această chemare la acord nu înseamnă că ar trebui să fim identici. Ideea nu este să suprimăm personalitatea cu care Dumnezeu ne-a creat pe fiecare sau să nu îi dai glas niciodată opiniei tale, să eviți toate dezacordurile sau să ajungem în esență o congregație de clone. Aceasta este denumită *uniformitate*, și este esența sectelor. Ceea ce caracterizează bisericile sănătoase este *unitatea*, lucru deopotrivă mai complicat și mai frumos decât simpla asemănare. Diaconii trebuie să fie în linia întâi a facilitării acestui fel de acord greu de obținut în Domnul.

Un ultim pasaj la care să ne gândim este 1 Corinteni 13. Acest faimos „capitol al dragostei" nu există pentru că Pavel ar fi trimis o veche predică de nuntă la o adresă greșită. El nu este gândit să facă un cuplu să se simtă lipicioși, ci să facă o biserică dezbinată să se simtă rușinată. Dacă ești diacon, iată o provocare: recitește 1 Corinteni 13 cât de curând poți. Citește lent acest pasaj și gândește-te cu onestitate cum este viața ta de acum, inclusiv purtarea ta ca diacon, în lumina acestui pasaj. Dar nu te opri aici. Găsește pe cineva care te cunoaște bine – ideal un lider în biserica ta – și invită-l să-ți facă o evaluare onestă. În ce fel văd ei purtarea și atitudinea ta reflectând dragostea descrisă în 1 Corinteni 13? Care sunt lucrurile la care le este greu să vadă oglindirea ei în viața ta?

Acea dragoste care merită orice efort, spune Pavel,

"acoperă totul, crede totul, nădăjduiește totul, suferă totul" (1 Cor. 13:7). Dacă ești diacon, te afli în prima linie a încurajării membrilor din biserica ta în direcția de a se gândi la cele mai bune lucruri din ceilalți, să le acorde circumstanțe atenuante, să fie ușor de bucurat și greu de jignit?

> Gândește-te aici la următoarele idei ale lui Mark Dever:
>
> Nu ți-ai dori să ai diaconi care sunt nefericiți în biserica ta. Diaconii n-ar trebui să fie niciodată cei care se plâng cel mai mult sau care șochează biserica prin acțiunile sau atitudinile lor. Dimpotrivă!... Nu îți vei dori să desemnezi ca diaconi oameni care nu recunosc importanța lucrării de predicare și dare de învățătură, ci oameni nerăbdători să o protejeze. Vorbind în termeni mai generali, vei dori ca biserica să fie slujită de diaconi caracterizați de o atitudine de susținere a celorlalți. De aceea, când te gândești cine ar putea să slujească în lucrarea diaconală, caută-i pe cei care au darul încurajării.[3]

Un diacon calificat va întruchipa tot mai mult în viața lui acea dragoste care întărește unitatea, dragoste pe care Biblia o poruncește atât de clar.

3. Slujirea și susținerea lucrării prezbiterilor

Una dintre emisiunile TV favorite este *The West Wing*, o dramă politică din perioada de început a anilor 2000, care surprinde viața de la Casa Albă. Există o frază

---

[3] Mark Dever, *Understanding Church Leadership*, Church Basics, ed. Jonathan Leeman (Nashville: B&H, 2016), p. 13, 14.

care se repetă pe tot parcursul seriei de șapte sezoane și care survine din partea diferitelor personaje: „Eu slujesc venind în ajutorul președintelui".

Tot așa, diaconii evlavioși dintr-o biserică sănătoasă vor spune tot mai mult: „Noi slujim venind în ajutorul prezbiterilor". Această exprimare nu ilustrează nimic autoritarist, căci la fel cum președintele Americii dă socoteală, în final, în fața poporului american, tot așa și prezbiterii bisericii dau în final socoteală înaintea membrilor acesteia. (Și, desigur, mai fundamental este că prezbiterii slujesc fiind la discreția Împăratului Isus.) Cu toate acestea, Isus a înglobat diferite niveluri de autoritate vitală în biserica Lui. Diaconii slujesc venind în ajutorul prezbiterilor nu pentru că prezbiterii ar fi autoritatea lor supremă, ci pentru că Isus este Cel care are această autoritate. Acesta este felul în care, în înțelepciunea Lui nemăsurată, El a lăsat ca biserica Lui să funcționeze. În același sens, Alexander Strauch a afirmat, cred eu cu multă convingere, că diaconii trebuie priviți cel mai bine ca „ajutoare oficiale ale prezbiterilor".[4]

Înainte de a trece mai departe, mă simt nevoit să recunosc că nu toate bisericile au prezbiteri. În multe cazuri, comitetul de diaconi poate funcționa mai degrabă ca unul de prezbiteri. Dacă așa este organizată biserica ta, aș putea

---

[4] Alexander Strauch, *Paul's Vision for the Deacons* (Colorado Springs: Lewis & Roth, 2017). Vedeți în special capitolul 3 ("Deacons, Assistants to the Elders"). Cartea este disponibilă în limba română la Editura MAGNA GRATIA, unde poate fi citită gratuit în format electronic, la adresa www.magnagratia.org.

să îți lansez o dublă provocare? În primul rând, gândește-te din nou la argumentele biblice legate de prezbiter ca rol distinct, prezbiterii fiind cei care se dedică învățăturii și supravegherii. Prezbiterii nu sunt, așa cum ar presupune unii, un soi de invenție „prezbiteriană". Aceasta este o chestiune biblică. Iar eu cred că argumentele în favoarea acestei slujiri distincte sunt convingătoare.[5]

În al doilea rând, indiferent ce ai crede acum despre chestiunea prezbiterilor, nu renunța la lectura acestei cărți. Nu lăsa ca termenul „prezbiteri" să te distragă de la învățătura Bibliei despre diaconi. Când eu afirm că diaconii ar trebui să slujească asemenea unor *asistenți ai prezbiterilor*, mă refer la faptul că, în unele biserici care vor fi exemplificate, cel puțin pentru moment, ei slujesc ca niște *asistenți ai păstorilor*. Și nu este greșit, dar în măsura în care diaconii voștri acționează ca niște pseudo-prezbiteri, nevoia de a regândi acel model în lumina Scripturii este cu atât mai urgent, dintr-un motiv simplu: când diaconii acționează ca prezbiteri, cine mai slujește ca diacon? În astfel de aranjamente, congregației îi va lipsi binecuvântarea *ambelor* slujiri, așa cum sunt ele lăsate să fie, potrivit Cuvântului lui Dumnezeu.

---

[5] Vă recomand din nou cartea lui Jeramie Rinne, *Church Elders: How to Shepherd God's People Like Jesus* (Wheaton, IL: Crossway, 2014). Celor care se află în biserici cu un singur păstor sau cu un comitet de diaconi, și care vor să știe de ce și cum să treacă la o pluralitate de prezbiteri, le recomand cartea lui Phil Newton și Matt Schmucker, *Elders in the Life of the Church: Rediscovering the Biblical Model for Church Leadership*, rev. ed. (Grand Rapids, MI: Kregel, 2014).

Bun, am închis paranteza. Să ne întoarcem la premisa noastră că diaconii sunt „ajutoarele oficiale ale prezbiterilor". Ultima carte a lui Strauch pe tema lucrării diaconale, *Paul's Vision for the Deacons*, este o resursă esențială ce vine în apărarea acestei gândiri. El folosește câteva gânduri argumentate, și voi menționa trei dintre acestea în cele ce urmează.

Primul este un pic tehnic, dar iată-l: familia de cuvinte *diakon-* din greacă [„diacon"] nu se referă întotdeauna la ideea de slujire la mese. Ea poate să exprime ideea cuiva care slujește la dispoziția unui superior. Acesta este și primul sens din principalul lexicon biblic (cunoscut sub acronimul BDAG). Folosind lucrarea deschizătoare de drumuri a lui Clarence D. Agan III,[6] Strauch notează că, „în ultimii ani, teologii au arătat că există o gamă lingvistică mai extinsă a sensului familiei de cuvinte *diakon-* decât se credea până acum". Cu alte cuvinte, ea nu este limitată la conotațiile unei munci servile sau a slujirii la mese. „În multe contexte", scrie Strauch, „ideea este aceea de îndeplinire a unei sarcini în numele unui superior și având autoritatea deplină de a pune în practică sarcina delegată de acesta".[7]

---

[6] Clarence D. Agan III, "Like the One Who Serves: Jesus, Servant-Likeness, and Self-Humiliation in the Gospel of Luke" (PhD dissertation, University of Aberdeen, 1999).
[7] Strauch, *Paul's Vision for the Deacons*, p. 53–54. Strauch adaudă un detaliu ce merită observat: „A treia ediție a lexiconului *A Greek-English Lexicon of the New Testament and Other Early Christian Literature* (abreviat ca BDAG), acceptând cercetările mai recente ale familiei de cuvinte *diakon-*, enumeră printre sensurile din greacă ale

În al doilea rând, în contextul din 1 Timotei 3 nu există nimic care să sugereze – și cu atât mai puțin să poruncească – ideea că diaconii ar trebui să acționeze doar ca slujitori oficiali la mese, care au grijă de săraci. Chiar și în Faptele Apostolilor 6, unde ideea slujirii la mese este prezentată clar, cei șapte slujesc în ajutorul apostolilor. De aceea, devine evident că implicația cea mai naturală nu este că lucrarea diaconală ar trebui să se focalizeze *doar* pe milostenie, ci doar că ea nu este *mai puțin* de atât. O mulțime de alte nevoi pot să apară, care să împiedice lucrarea prezbiterilor de propovăduire a Cuvântului și de rugăciune, lucru care, de aceea, ar trebui să intre în atenția diaconilor.

În al treilea rând, merită observat faptul că Pavel nu își îndreaptă atenția accidental către diaconi (1 Tim. 3:8-12) imediat după ce discută despre prezbiteri (1 Tim. 3:1-7). Este ca și cum el nu vrea ca noi să ne ținem suflarea ca să nu pierdem din vedere legătura inseparabilă – și chiar ordinea logică – dintre cele două slujiri. Structura pasajului ne sugerează că diaconii îi însoțesc și le sunt subordonați prezbiterilor pe care ei îi susțin. „Diaconii nu sunt un grup separat, autonom, de slujitori oficiali deconectați de grupul prezbiterilor", notează Strauch. „Așa cum ne arată contextul și chiar termenii folosiți, *diakonoi* [diaconii]

---

termenului *diakonos* ca ‚acela care face ceva fiind la dispoziția unui superior, a fi *asistent* al cuiva'. Sensul termenului *diakonos,* așa cum apare în Filipeni 1:1 și 1 Timotei 3:8, 12, este cel de ‚*asistent, ajutor*'" (p. 54). Există anumiți teologi care susțin acum acest punct de vedere; Strauch enumeră 20 de exemple (64-65n1).

operează sub conducerea *episkopoi* [episcopilor]. *Diakonoi* îi ajută pe *episkopoi* reprezentându-i oficial pe episcopi și fiind gata să îndeplinească sarcinile delegate de aceștia".[8] Această relație dintre cele două slujiri este implicată și în celălalt pasaj în care sunt menționați diaconii (la plural):

> Pavel și Timotei, robi ai lui Isus Hristos, către toți sfinții în Hristos Isus, care sunt în Filipi, împreună cu episcopii și diaconii (Fil. 1:1).

Scopul diaconilor este legat inseparabil de prioritatea prezbiterilor.

Teologul prezbiterian Edmund Clowney observa că „relatarea din Faptele Apostolilor 6 și folosirea mai multor sensuri ale termenului *diakonos* în epistole a condus astfel la concluzia că diaconii sunt ajutoare ale celor ce se află în lucrarea Cuvântului, nu atât niște oameni însărcinați în mod specific cu lucrarea de binefacere".[9]

Că veni vorba, acesta este motivul pentru care este greșit ca diaconii să acționeze ca un grup de putere separat sau ca o a doua cameră legislativă în biserică, prin care sunt adoptate regulile. Dever ne oferă o ilustrație utilă în

---

[8] Strauch, *Paul's Vision for the Deacons*, p. 57. He concludes, "[T]he assistants-to-the-overseers view is the best interpretation because it provides the most objective evidence both lexically and contextually with the least amount of guesswork involved. Furthermore, I am persuaded that the assistant-to-the-overseers view is the best option because the alternative views are unsatisfactory, demand too much guesswork, and cannot ultimately be proven contextually or lexically. So much of what I hear and read about deacons is based on mere assertion rather than evidence or argumentation" (p. 63).

[9] Edmund P. Clowney, *The Church*, Contours of Christian Theology (Downers Grove, IL: IVP Academic, 1995), p. 213.

acest sens:

> Dacă prezbiterii spun, „haideți să mergem în Pittsburgh", nu ține de diaconi să replice spunând, „nu, să mergem în Philadelphia". Ei pot veni pe bună dreptate și să spună, „carburantul pe care îl avem nu ne va ține până în Pittsburgh, așa că poate că ar fi bine să ne mai gândim". Această atitudine este foarte folositoare. Dar, în general, slujba lor este să susțină destinația stabilită de prezbiteri.[10]

Prezbiterii unei biserici nu sunt oameni infailibili – departe de așa ceva. Cu toate acestea, atunci când folosim Biblia ca să fim călăuziți în aspectele care țin de conducerea bisericii, diaconii nu sunt prezentați niciodată ca niște paznici ai prezbiterilor, care le „verifică" fiecare decizie. Într-o biserică sănătoasă, diaconii evlavioși pun în aplicare viziunea și supravegherea prezbiterilor evlavioși, nu invers.

DOUĂ DIFERENȚE-CHEIE

Așa cum am notat în capitolul anterior, cerințele calificative pentru prezbiteri și diaconi din 1 Timotei 3 sunt izbitor de asemănătoare. Ele sunt atât de similare încât, în fapt, Pavel pare că vrea să ne atragă atenția către diferența-cheie dintre ele: prezbiterii trebuie să fie „în stare să dea învățătură" (1 Tim. 3:2; cf. Tit 1:9, lit. ESV). Asta nu înseamnă că diaconii nu pot predica, și cu atât mai puțin că ar fi incapabili să dea învățătură. (Aduceți-vă aminte de

---

[10] Dever, *Understanding Church Leadership*, p. 33.

Ștefan și de Filip!) Implicația simplă este că darul și responsabilitatea dării de învățătură nu este o cerință calificativă pentru slujirea diaconală.

De asemenea, este relevant faptul că diaconii nu sunt descriși nicăieri în Noul Testament ca episcopi sau lideri. Nu încape îndoială că ei vor avea influență și vor exercita o măsură naturală de conducere într-o congregație, în particular în domeniile lor de responsabilitate. Este neîndoielnic că cei șapte din Ierusalim trebuiau să organizeze, să ia decizii, să delege și să „conducă" persoanele relevante în distribuirea alimentelor. Dacă prezbiterii slujesc prin conducere, diaconii conduc prin slujire.[11] Totuși, diaconii nu sunt prezentați niciodată ca lideri cu autoritate spirituală peste *întreaga* congregație. Numai prezbiterii sunt identificați prin chemarea lor de a cârmui (F.A. 20:28; 1 Tim. 3:1-2; 5:17; 1 Petru 5:2; Evrei 13:17). Tot astfel, membrii sunt chemați să îi imite pe diaconi, dar nu li se spune niciodată să asculte de ei.

Vreau să fiu clar că prin aceasta nu vreau deloc să spun că prezbiterii fac lucrare, iar diaconii nu. Dimpotrivă, sarcina prezbiterilor este să îi „echipeze pe sfinți" – adică întreaga congregație! – „pentru lucrarea de slujire" (Efes. 4:12, lit. ESV). Membrii sunt responsabili pentru misiunea bisericii. Totuși, ne va fi util să folosim liniile-cadru ale lui

---

[11] Această exprimare se găsește atât în lucrarea lui H. B. Charles Jr., *On Pastoring: A Short Guide to Living, Leading, and Ministering as a Pastor* (Chicago: Moody, 2015), p. 88, cât și în cea a lui Curtis C. Thomas, *Words of Encouragement and Counsel for a Lifetime of Ministry* (Wheaton, IL: Crossway, 2001), p. 106.

Jamie Dunlop:

- Prezbiterii conduc lucrarea.
- Diaconii facilitează lucrarea.
- Congregația face lucrarea.[12]

Împlinirea nevoilor tangibile, promovarea unității bisericii și ajutarea prezbiterilor sunt trei parametri generali ai slujirii diaconale, în spatele cărora există mult loc de flexibilitate în aplicare.

MODELE SĂNĂTOASE DIN ZILELE NOASTRE

Am văzut că diaconii îi ajută pe prezbiteri prin coordonarea acțiunilor de slujire, împlinind nevoi tangibile și ocrotind unitatea bisericii. Este timpul să trecem la lucruri și mai practice. Cum ar trebui să funcționeze de fapt diaconii bisericii? Cum pot fi organizați și desemnați în cea mai bună manieră?

Nu există un singur model sănătos pentru organizarea diaconilor, dar eu vreau să subliniez trei astfel de modele posibile. Vă rog să observați întrepătrunderea importantă dintre ele.

1. Lucrările de binefacere

După cum am constatat în capitolul 1, și bazat în mare măsură pe precedentul din Faptele Apostolilor 6, de-

---

[12] Jamie Dunlop, "Deacons: Shock Absorbers and Servants", *9Marks Journal*, Spring 2010. Întrucât biserica mea practică o conducere congregaționalistă, cu lideri prezbiteri, noi ne descriem uneori organizarea prin expresia „conducere prin prezbiteri, slujire prin diaconi, decizie prin congregație".

a lungul istoriei bisericii, scopul principal al diaconilor a fost acela de a avea grijă de cei săraci și năpăstuiți, în special din biserică. Această focalizare a fost considerată dintotdeauna crucială, de exemplu în tradiția prezbiteriană și reformată. Tim Keller, care a slujit ca director al lucrării de binefacere din denominația Presbyterian Church in America (PCA) înainte de a fi păstorul unei biserici din Manhattan, pune următoarea întrebare: „Ce anume face un diacon? El slujește în Numele lui Isus printre cei singuri, bolnavi, bătrâni, orfani, văduvi, săraci, cei cu boli terminale sau pe moarte, și oamenii nevoiași".[13]

Tot astfel, într-o carte publicată recent, Cornelis Van Dam afirmă că diaconii sunt „însărcinați cu lucrarea de binefacere pentru a demonstra dragostea lui Hristos împlinind nevoile săracilor și ale năpăstuiților".[14]

În grija lor pentru nevoile săracilor, diaconii îndepărtează piedicile care se ridică în calea bucuriei congregației. Un lucru central pentru îndatoririle unui diacon, explică Van Dam, este „responsabilitatea de a se asigura că bucuria răscumpărării este împărtășită de toți", ceea ce presupune „să se asigure că săracii și cei nevoiași sunt ajutați, și că

---

[13] Timothy J. Keller, *Resources for Deacons: Love Expressed through Mercy Ministries* (Lawrenceville, GA: Presbyterian Church in America Committee on Discipleship Ministries, 1985), p. 11. Este important să observăm că tradiția prezbiteriană și reformată nu limitează lucrarea diaconală la cea de binefacere. În aceeași carte, Keller enumeră patru categorii de lucrare diaconală: milostenie, administrare, îngrijirea proprietăților bisericii, și ajutorare (p. 30).

[14] Cornelis Van Dam, *The Deacon: Biblical Foundations for Today's Ministry of Mercy* (Grand Rapids, MI: Reformation Heritage, 2016), p. xi.

nimeni nu trăiește lipsit de mângâiere în părtășia sfinților".[15]

Lucrarea biblică de binefacere ar trebui îndreptată primordial către cei care suferă din familia bisericii, chiar dacă nu doar către ei (Gal. 6:10). Grija manifestată către cei dezavantajați și năpăstuiți din afara bisericii poate fi un instrument puternic pentru propovăduirea harului lui Hristos și pentru demonstrarea dragostei Lui. Și mare parte din discuțiile din ultimii ani pe această temă s-au concentrat pe rolul „acțiunii sociale" în misiunea bisericii: Este oare misiunea bisericii să predice Evanghelia, să aibă grijă de săraci, o combinație a celor două, sau ceva cu totul diferit? Acestea sunt discuții importante, iar ele țin de deosebiri importante ce trebuie făcute – de exemplu, dacă prin termenul „biserică" ne referim la *instituție* sau la *indivizi*.

După părerea mea, totuși, mare parte din confuzie ar fi îndepărtată dacă am lua seama cu mai multă atenție la această trăsătură veche a lucrării diaconale. Scriptura arată clar că misiunea centrală a bisericii nu este cea de soluționare a sărăciei globale, ci să predice Evanghelia harului; ea nu este chemată să transforme lumea, ci să facă ucenici propovăduindu-L pe Cel care este Domn peste tot (Matei 28:18-20; cf. F.A. 1:8). Dar asta nu înseamnă deloc că lucrarea unei biserici este una exclusiv spirituală. Cartea de față vorbește despre o slujire oficială pe care Dumnezeu a întemeiat-o

---

[15] Van Dam, *The Deacon*, p. 76.

în biserica Lui cu scopul de a veni în mod practic în ajutorul celor care au cel mai mare nevoie de ea. O spun din nou, lucrarea diaconală înseamnă mai mult decât lucrarea de binefacere, dar nu este nicidecum mai puțin de atât.

Uneori eu văd o asemănare ironică între bisericile care vor „doar să predice Evanghelia" și cele care vor „doar să schimbe societatea". Una se împotrivește lucrării sociale în favoarea proclamării Evangheliei, în timp ce cealaltă are tendința de a pune lucrarea socială în locul propovăduirii Evangheliei. Totuși, ambele sunt susceptibile de o perspectivă săracă asupra lucrării diaconale. În bisericile care „vor doar să predice Evanghelia", lucrarea diaconală de binefacere poate fi considerată ca lipsită de importanță; în bisericile care „vor doar să transforme societatea", lucrarea diaconală de binefacere poate fi tratată ca superfluă și inutilă – pentru că întreaga congregație este deja concentrată să facă doar asta. În primul caz, misiunea bisericii minimizează rolul diaconal; în al doilea, această chemare a diaconilor *devine* misiunea bisericii.

De aceea, este crucial ca, în bisericile sănătoase, dedicate cu adevărat predicării lui Hristos și ucenicizării, să nu diminuăm lucrarea diaconală – slujirea „socială" lăsată de Dumnezeu ca instrument facilitator pentru misiunea spirituală. Da, este adevărat că Evanghelia nu s-ar fi răspândit în Faptele Apostolilor 6 dacă apostolii și-ar fi neglijat principala chemare de a predica și de a se ruga. Dar la fel de adevărat este că Evanghelia nu s-ar fi răspândit dacă cei șapte nu ar fi fost chemați și nu s-ar fi implicat în împlinirea nevoilor văduvelor.

Poate că discuțiile foarte fierbinți din zilele noastre pe tema misiunii bisericii ar putea avansa dacă am pune la locul potrivit aceste slujiri istorice din bisericile locale. După cum am văzut, o lucrare holistică în cadrul căreia aceste preocupări – proclamarea Evangheliei și demonstrarea Evangheliei – sunt puse laolaltă nu este tocmai la modă; ea a fost totdeauna nepopulară în istoria bisericii. Lucrarea prin fapte (cea diaconală) a slujit dintotdeauna lucrării Cuvântului (cea pastorală). Ceea ce Dumnezeu a unit, nicio biserică să nu despartă.

2. O echipă de lideri slujitori

În anumite biserici, diaconii se întâlnesc ca un grup deliberativ, în ajutorul prezbiterilor, pentru a genera idei și pentru a coordona planuri care soluționează chestiuni de ordin administrativ. Întâlnirile lor ca grup pot să furnizeze o măsură sănătoasă de sinergie, camaraderie și dare de socoteală.

Brian Croft, directorul unei lucrări denumită Practical Shepherding [Păstorirea Practică], a folosit un astfel de model pe când era păstor. Diaconii din biserica păstorită de el se întâlneau în timp ce Croft și colegii lui prezbiteri se întâlneau – simultan, dar separat. Croft avea apoi o întâlnire cu diaconul coordonator, timp în care făceau schimb de informații relevante, precum aspecte pe care diaconii credeau că prezbiterii trebuie să le cunoască și vice versa. De multe ori, aceste discuții se purtau pe domenii care se suprapuneau – lucruri de care, într-o anumită măsură, ambele grupuri erau responsabile.

De exemplu, imaginați-vă că un diacon slujește un credincios bătrân la casa acestuia. Indiferent câte lucruri repară el prin casă, dacă pleacă fără să se preocupe de starea spirituală a celui slujit și fără să se roage pentru el, și-a ratat lucrarea.

Tot astfel, dacă un prezbiter vizitează aceeași persoană ca să îi slujească sufletește, dar nu se oferă să ajute la mutatul unei mese grele, *nu* și-a îndeplinit slujba. Chiar dacă împărțirea lucrării între aceste două slujiri este un lucru important, faptele fiecăreia nu se exclud reciproc. În ciuda focalizării lor pe lucrurile spirituale, prezbiterii ar trebui să fie atenți și la aspectele practice. La rândul lor, chiar dacă se concentrează pe lucruri practice, diaconii ar trebui să rămână atenți și la cele spirituale.

Dacă ești diacon, sper că îți este clar că ai fost chemat la mult mai mult decât o întâlnire lunară. Lucrarea de diacon nu este o activitate extracurriculară din CV-ul tău spiritual. Ea este mijlocul prin care Mântuitorul tău a ales să te folosească în această perioadă din viața ta, ca să slujești bisericii pe care a răscumpărat-o cu sângele Lui. În lumina îndurării Lui, te îndemn să te rededici energic lucrării tale diaconale.

3. Mobilizatori cu rol specific în lucrare

În biserica noastră, noi avem diaconi cu roluri specifice. În loc să se întâlnească într-un grup deliberativ, diaconii sunt aleși pentru lucrări specifice și sunt încurajați să coordoneze echipe de voluntari pe măsura apariției nevoilor. În prezent, avem 14 lucrări diaconale diferite, deși numărul fluctuează ca răspuns la nevoile congregației. De exemplu, luna trecută am închis lucrarea diaconală dedicată grijii față de misionari, după ce am hotărât ca unul dintre păstorii bisericii să gestioneze acele responsabilități mai ușor și fără prea mult efort. Iată câteva dintre cele mai obișnuite sarcini diaconale enumerate în statutul bisericii noastre:

- Grija ca bolnavii, cei îndurerați, bătrânii și cei infirmi primesc mângâiere spirituală și fizică;
- Lucrările de ospitalitate ale bisericii;
- Grija normală și întreținerea proprietăților bisericii;
- Primirea, alimentarea și folosirea unui fond pentru lucrarea de binefacere, și informarea periodică a prezbiterilor și a bisericii despre folosirea acestor fonduri;
- Amenajarea clădirii bisericii și curățenia necesare pentru închinarea comună;
- Ajutorarea în distribuirea pâinii și a vinului la

Masa Domnului; și

- Slujirea în orice alte modalități specifice, după nevoile bisericii.[16]

Observați atât specificitatea din această listă, cât și măsura deosebită a flexibilității de la ultimul punct.

Unora ar putea să nu le placă un astfel de model. Poate că ideea de „diacon responsabil cu parcarea" vi s-ar părea ceva ridicol. Pot înțelege logica: *Dacă parcarea are nevoie de un diacon, ce anume nu are nevoie de unul?* Dar gândește-te pentru o clipă la faptul că parcarea poate fi unul dintre cele mai importante aspecte logistice în viața unei biserici, pentru că bunul mers în acest aspect poate afecta direct cel mai elementar lucru pe care biserica îl face: strângerea împreună pentru închinare. Dacă oamenilor le vine greu să își găsească loc de parcare, strângerea laolaltă a bisericii este împiedicată; iar dacă întâlnirea bisericii este împiedicată, însăși esența bisericii – sfinții lui Dumnezeu care sunt legați unii de alții prin rânduielile Lui și care se adună să stea sub ploaia Cuvântului Lui – poate fi amenințată. Știu de o biserică a cărei clădire este amplasată într-o zonă aglomerată din centrul orașului, care avea doar câteva locuri de parcare, dar avea sute de membri. Prezbiterii au aflat că, în anumite situații, unii membri ajungeau să se certe pe acele locuri de parcare în

---

[16] Constituția Third Avenue Baptist Church, articolul 3 („Conducerea"), partea 5, clauzele 7-13. Disponibilă la www.thirdavenue.org.

dimineţile de duminică. De aceea, ei au recomandat ca biserica să aleagă un diacon responsabil cu parcarea, atât pentru a rezolva nevoile tangibile de acest ordin, cât şi pentru a trata un aspect care ameninţa să dezbine viaţa trupului bisericii.

SLUJIND ÎMPREUNĂ

În articolul său, intitulat „Deacons: Shock Absorbers and Servants", Jamie Dunlop ridică un semn de întrebare legitim: Cum să îi încurajăm pe diaconi să fie acei ziditori energici a unităţii, care nu uzurpă cârmuirea bisericii de către prezbiteri şi nu cauzează dezbinări? Biserica lui Dunlop are şi ea diaconi cu roluri specifice, iar sfatul lui merită citat în întregime:

> **Întâlnirile diaconilor:** Dacă ţelul diaconilor este să susţină deciziile majore ale prezbiterilor, atunci diaconii nu trebuie să se întâlnească neapărat ca un grup deliberativ – în special dacă fiecare diacon facilitează lucrarea într-un domeniu anume, cum ar fi grija copiilor sau ospitalitatea (aşa cum fac în biserica noastră). Cu siguranţă că nu există niciun model biblic al diaconilor „care împart puterea" cu prezbiterii, aşa cum vedem în legislativul Statelor Unite, unde puterea este împărţită între Cameră şi Senat.
>
> **Comitetele:** Când comitetele diaconale încep să perceapă că „deţin" anumite domenii din lucrarea bisericii, devine dificil să *evite* luarea de decizii majore,

care ar trebui să fie luate de prezbiteri. La urma urmei, chiar și lucruri „pământești" precum clădirea sau bugetul anual al bisericii au dimensiuni spirituale pronunțate în administrarea lor. Ca atare, bisericile ar trebui să se preocupe ca aceste comitete de diaconi să fie concentrate pe sarcini clare și cu limită de timp, chemate să îndeplinească o sarcină cerută de prezbiteri.

Comunicarea: Majoritatea slujirilor diaconale vor ajunge cel puțin ocazional să fie contrare hotărârilor majore luate de prezbiteri. La biserica noastră, noi am văzut că este util să îi alocăm fiecărui diacon un prezbiter, care să îi comunice cu regularitate ceea ce prezbiterii decid la întâlnirile lor. Prezbiterii pot apoi să ducă aspectele majore din lucrarea diaconilor înapoi în grupul de prezbiteri, după cum o cere nevoia.[17]

Indiferent care ar fi modelul practic către care biserica ta este mai înclinată să îl adopte, cel mai important lucru este ca rolul diaconilor să fie înțeles biblic. Această claritate oferă un fundament esențial pentru lucrarea diaconală.[18]

---

[17] Dunlop, "Deacons: Shock Absorbers and Servants", subl. orig.
[18] Documentele oficiale ale unei biserici (în special actul constitutiv și statutul) pot juca un rol cheie în clarificarea detaliilor legate de lucrarea prezbiterilor/păstorilor și a diaconilor – și de felul în care ei se raportează reciproc în termenii responsabilității. Desigur, modelarea ambelor slujiri potrivit Scripturii are nevoie de mai mult decât niște documente statutare clare, dar rareori ea poate fi făcută în lipsa acestora. Ca exemplu practic, eu nu cred că actul constitutiv al unei biserici ar trebui să specifice câți diaconi ar trebui să aibă, pentru că aceasta poate conduce la

În final, este crucial să subliniem că majoritatea diaconilor eficienți nu își îndeplinesc lucrarea de unii singuri. Ei sunt slujitori care îi mobilizează și pe alții. Observați felul în care Van Dam își încheie gândurile pe marginea pasajului din Faptele Apostolilor 6: „Am putea să presupunem că cei șapte nu au făcut personal distribuirea alimentelor, ci ei au jucat mai degrabă un rol coordonator, de ajutare și supervizare, asigurându-se că nimeni nu este ignorat".[19] Am menționat mai devreme că diaconii buni nu au nevoie să fie dădăciți. În ei se poate avea încredere atât pentru îndeplinirea cât și pentru extinderea sferei lor de slujire, fără a fi nevoie de supervizare sau corecție constantă. Așadar, când îți scanezi biserica în căutarea diaconilor care se califică pentru slujire, nu căuta cai de bătaie. Caută-i pe cei care vor *organiza* slujirea cu credincioșie, nu să facă ei totul.

CE VREA SĂ SPUNĂ ACEASTĂ CARTE?

Vă aduceți aminte de Craig, liderul diaconilor care i-a încurajat pe colegii lui nemulțumiți să ia aminte la tânărul lor păstor, Ryan, în ce privește subiectul conducerii bisericii? Gestul lui a fost unul corect – dar de ce? Ei bine, nu pentru că păstorul lor, Ryan, ar fi înțeles în mod necesar totul (se poate să nu fi înțeles). Nici pentru că diaconii ar fi avut nevoie de un test de inteligență (nu ar fi trebuit),

---

împingerea în slujire a unor credincioși care nu se califică, doar ca să se respecte statutul. Eu cred că este mai înțelept ca numărul diaconilor să fie flexibil.
[19] Van Dam, *The Deacon*, 59.

doar pentru că ei ar fi niște simpli meșteri (nu sunt). Nici pentru că diaconii nu au niciun drept să își exprime dezacordul față de păstorul sau prezbiterii lor (au acest drept). Motivul pentru care gestul a fost unul corect ține de faptul că poporul lui Dumnezeu – de la cel mai bătrân lider până la cel mai proaspăt credincios – ar trebui să fie întotdeauna deschis să reanalizeze prezumțiile și să-și cerceteze practicile în lumina Cuvântului lui Dumnezeu.

În Faptele Apostolilor 17, Pavel și Sila fug de persecuție în Tesalonic și ajung în Bereea, unde intră într-o sinagogă și încep să Îl propovăduiască pe Isus ca Mesia. Cum răspund oamenii de acolo?

> Iudeii aceștia aveau o inimă mai aleasă decât cei din Tesalonic. Au primit Cuvântul cu toată râvna, și cercetau Scripturile în fiecare zi, ca să vadă dacă ce li se spunea, este așa (F.A. 17:11).

Acei oameni din Bereea nu îi ascultau fără atenție; ei au verificat învățătura lui Pavel comparând-o cu Scripturile lor ebraice. Luca nu îi mustră că nu au crezut pe cuvânt un apostol, ci *îi laudă*. Și este un lucru extraordinar.

Din nou, ceea ce contează cel mai mult nu este ce preferăm noi să credem despre diaconi sau felul în care biserica noastră a rezolvat „dintotdeauna" astfel de lucruri, și nici măcar ce spune cartea de față despre ei. Ceea ce contează în final este ce ne-a revelat *Dumnezeu*. Tradiția bisericii își are locul ei important în viața unei congregații, dar când discutăm despre „fișa postului" diaconilor, este bine să ne asigurăm că ea este formulată pe baza revelației fără greșeală a Scripturii.

5

BENEFICIILE

Ce aduc bun diaconii?

Cum arată lucrurile în realitate, pe teren, când diaconii acționează așa cum am schițat în această carte?

Pentru a răspunde la această întrebare, am contactat o mulțime de prieteni, atât păstori cât și diaconi, cerându-le să îmi împărtășească istorisiri simple care surprind scopul și frumusețea lucrării diaconale. Discuțiile despre diaconi – da, inclusiv cărțile – pot să pară uneori un pic încețoșate, ca atunci când te uiți la o casetă video veche. De aceea, sper că următorul șir de istorisiri va ajuta la cristalizarea principiilor și practicilor biblice pe care le-am analizat. Sper că te vei simți ca și cum ai vedea acele principii și practici luând viață și având culori bogate și contururi clare. Sper că ți se va părea ca și cum ai citi ceva la înaltă definiție.

Totuși, după cum vei observa, în general, slujirea diaconală credincioasă nu este nici epică, și nici extraordinară. Cel puțin nu pare în felul acesta în ochii noștri omenești căzuți în păcat. Dar nu uita că puterea Dumnezeului măreț alimentează și curge prin lucrarea diaconilor eficienți. Deși lucrarea lor poate fi făcută în tăcere, chiar subtil, ei sunt instrumente indispensabile în înaintarea Împărăției lui Isus Hristos.[1]

POVEȘTI DE LUCRARE

Unul dintre cele mai bune lucruri pe care le-am făcut în biserica noastră a fost să subliniem importanța membralității. Deși suntem conștienți că nimeni nu îi va cunoaște pe toți ceilalți la fel de bine, noi ne dorim ca toți să fie la fel de cunoscuți bisericii. Acesta este țelul nostru. Și chiar am început să avem ceva succes în asta.

Totuși, pe măsură ce oamenii se cunosc mai mult, la suprafață ies și nevoile. Aceste nevoi – spirituale sau materiale – pot foarte ușor să se acumuleze și să copleșească grupul de prezbiteri. La fel ca în Faptele Apostolilor 6, este incredibil de greu să alocăm timp pentru a ne ruga pentru biserică, să pregătim mesajele destinate bisericii și să și creștem lideri în trupul bisericii în timp ce trebuie să ne străduim să tratăm detaliile tactice și practice ale vieții lor, cum ar fi să ajutăm o tânără mamă care se confruntă cu divorțul sau un membru al bisericii care trece prin probleme financiare.

Diaconul bisericii noastre care se ocupă de chestiunea membralității are cu adevărat un dar de la Dumnezeu.

---

[1] Numele au fost modificate sau omise din rațiuni de confidențialitate; altfel, toate detaliile sunt redate exact așa cum mi-au fost transmise.

Atât el, cât și soția lui și-au suflecat mânecile și au petrecut nenumărate ore alături de membrii nevoiași. Dacă un membru are nevoie de ceva bani ca să se descurce până la finele lunii, acest diacon va face mai mult decât să trimită o cerere către echipa de slujire în lucrarea de binefacere; el se va întâlni cu acel membru și va încerca să vadă care este sursa problemei. Oare acel membru are un fel deficitar de a cheltui banii, și problema trebuie tratată? Este acea persoană suficient de conectată la trupul bisericii pentru a primi ajutor într-un fel organic de la membri, fără a fi nevoie de intervenții speciale? Are acea persoană nevoie să fie sfătuită despre cum să își facă și să își administreze un buget lunar, sau poate cum să își caute un loc de muncă?

Pe măsura trecerii timpului, am ajuns să îmi dau seama că există mai mulți membri care l-au ajutat pe acest diacon și pe soția lui, iar de unii nu știam deloc. Ca să fiu scurt, fără diaconul nostru pe această slujire, prezbiterii ar fi fost nevoiți să aloce ore în șir și întâlniri sau să depună alte eforturi în încercarea de a rezolva aceste probleme. Dar acest diacon și echipa lui sunt uimitori, fiind cu adevărat parte din viața bisericii, lucru care m-a eliberat pe mine, ca prezbiter, ca să mă pot focaliza pe responsabilitățile mele de predicare și rugăciune. Și ca să închei, pot spune că rareori trece o lună fără ca acest cuplu să îmi spună cu dragoste cât de mulțumitori sunt pentru tot ceea ce eu fac. Atitudinea lor este aducătoare se smerenie și prospețime.

Eram încă un începător: aveam 32 de ani și doar câțiva ani în prima mea slujire pastorală. Un bărbat din biserică – un membru vechi care, deși drăguț, semăna cu regularitate semințele discordiei – încerca să restaureze lucrurile după felul în care erau ele făcute în „trecut", în vremea când biserica era condusă de comitete. De asemenea, el a început să le vorbească altor membri, întrebându-i dacă nu cumva credeau că eu aveam nevoie să cresc ca predicator.

Lucrurile au luat amploare când el a transformat acele discuții într-o „listă" de membri care obiectau și care aveau aceeași opinie, listă pe care el avea de gând să o prezinte la adunarea generală a membrilor, aproape ca pe o petiție. M-am simțit de parcă eram pus la colț: pe de o parte, eu doresc întotdeauna să îmi îmbunătățesc predicarea; pe de altă parte, totuși, știam că pur și simplu nu puteam să duc acea bătălie.

Diaconul nostru coordonator de la acea vreme a aflat de acea listă și a trecut la acțiune. M-a asigurat de susținerea lui, a obținut lista și s-a apucat să îi sune pe primii cinci de pe ea. I-a întrebat care erau îngrijorările lor și dacă aveau probleme de semnalat în ce mă privește; apoi i-a întrebat de ce nu au venit direct la mine cu acele critici, în loc să se alăture unui grup de nemulțumiți. Acești membri au fost, în realitate, îngroziți că numele lor se aflau pe o „listă", căci nici nu știau că există așa ceva. Acest diacon la sunat apoi pe agitator și i-a spus că subminarea autorității păstorului făcea răni în biserică și că trebuia să se oprească și să găsească o modalitate mai sănătoasă și mai biblică de a-și exprima opiniile. Mai târziu am descoperit că majoritatea celor de pe listă au ajuns să îmi transmită încrederea și susținerea lor, în loc să vină cu lucruri descurajatoare. Situația a fost rezolvată complet datorită faptului că un diacon a avut inițiativa – și curajul – de a se ridica și de a trata o situație pe care eu nu o puteam rezolva. El a protejat astfel unitatea bisericii într-un moment foarte important. Mă aflu acum în anul al 13-lea de slujire, și mă gândesc cu onestitate că supraviețuirea în al doilea și al treilea an ar fi fost aproape imposibilă fără sprijinul acelui diacon.

———

Biserica noastră din Irak are membri de peste tot din lume. Când Freddie s-a întors acasă în India, ca să participe la înmormântarea tatălui său, el a fost uimit de numărul celor care i-au spus că tatăl lui, care fusese prezbiter în biserica sa, le slujise. Acest lucru nu doar că l-a încurajat pe Freddie, ci l-a determinat și să își cerceteze viața. În Irak, în ciuda faptului că lucra pentru o organizație umanitară, Freddie era nemulțumit că nu îi slujea mai bine pe cei din biserica lui. *Dacă aș muri,* credea el, *nimeni n-ar veni la înmormântarea mea să spună felul de situații pe care le-am auzit la înmormântarea tatălui meu.*

În acea perioadă, criza umanitară din regiune s-a întețit, iar biserica noastră era vizitată cu regularitate de oameni săraci – refugiați nativi sau internaționali, irakieni fără locuință, ale căror case fuseseră distruse de ISIS. Aveam nevoie disperată de un diacon responsabil cu lucrarea de binefacere, ca în Faptele Apostolilor 6.

Freddie, care satisfăcea cerințele calificative biblice și dorea să slujească, a fost în curând propus bisericii și desemnat ca diacon. El a început imediat să lucreze în colaborare cu prezbiterii la pregătirea unei viziuni privind lucrarea de binefacere. Înainte de aceasta, prezbiterii luaseră toate deciziile în lucrarea de binefacere – ceea ce presupunea identificarea oamenilor nevoiași și purtarea multor discuții pentru a vedea care nevoi sunt credibile, pentru a stabili detaliile, pentru distribuirea fondurilor, pentru oferirea constantă de susținere și dare de socoteală, și așa mai departe. Desigur, aceasta era o lucrare importantă, dar consuma timpul prezbiterilor. Nu este deloc o exagerare să spunem că slujirea diaconală a lui Freddie a ridicat o povară uriașă de pe umerii prezbiterilor, a împlinit o nevoie presantă din biserică și, în tot acest proces, i-a transformat propria viață.

———

Când am devenit păstor aici, în urmă cu peste zece ani, în congregație aveam un om al străzii. El venea constant la închinare și la un grup de susținere a celor cu dizabilități, care se întâlnea în timpul săptămânii. În funcție de momentul din an, el locuia într-un adăpost al celor de la Armata Salvării sau dormea pe unde putea prin oraș, schimbându-și locul. Apoi l-am găsit dormind într-una dintre sălile noastre de școală duminicală, în spatele unei cutii în care își ținea câteva lucruri.

Această situație a condus la câteva discuții, de unde am aflat că se lupta cu abuzul de alcool și droguri, cu depresia și tulburare bipolară de comportament, și că în copilărie a fost victima abuzului fizic și sexual. Dumnezeu îl mântuise și îi dăduse o inimă blândă pentru slujirea celor asupriți și proscriși din comunitate. Prin harul lui Dumnezeu, el a obținut în final o locuință stabilă, un vehicul și un loc de muncă. Deși a avut câteodată gânduri de sinucidere și a fost primit în centrul local pentru persoane aflate în criză, prin toate aceste lupte personale, el s-a jertfit pe sine ca să le slujească altora din congregația noastră.

Datorită dragostei lui pentru Scriptură și a dorinței de a le sluji celor cu nevoi speciale, prezbiterii l-au recomandat adunării să fie desemnat diacon responsabil pentru nevoi generale și pentru lucrarea cu persoanele cu handicap. El și-a asumat apoi și sarcina de a tunde iarba, de a strânge gunoiul și de a curăța tomberoanele de pe terenul bisericii. Dar, mai presus de orice, el caută să îi slujească celor care trec prin lupte prin care și el a trecut. El i-a invitat pe mulți să participe la închinare și să audă Evanghelia. În decursul închinării, îl putem vedea ajutându-i și încurajându-i pe cei care se luptă cu neputințe mai mari decât ale lui. Ce binecuvântare este el pentru poporul lui Dumnezeu!

Eram un tânăr păstor și singurul prezbiter, slujind alături de un comitet de opt diaconi. După un an de slujire pastorală, un diacon a pus sub semnul întrebării câteva dintre deciziile comitetului responsabil cu finanțele, lucru care le-a cauzat supărare unor surori. Aproape imediat, soții lor au început să ceară demisia acestui diacon, și să facă presiuni la adresa mea în acest sens.

Earl, un adevărat patriarh respectat în adunare, în vârstă de peste 70 de ani, era coordonatorul diaconilor. El m-a invitat la un prânz, m-a privit în ochi și mi-a spus: „Frate păstor, nu știu de ce spun oamenii aceste lucruri, dar vreau să știi că vreau să te sprijin. Vom trece și prin asta. Hai să ne rugăm". Apoi s-a dus la acei bărbați și a stat în spărtură, preluând în esență conflictul în locul meu. „Îl vom lăsa pe păstorul nostru să conducă", le-a spus el acestora.

Dacă diaconul Earl nu ar fi luat inițiativa și nu ar fi căutat să soluționeze acel conflict, mă îndoiesc că aș mai fi rămas aici. Cred cu tărie că Dumnezeu l-a folosit ca să îmi salveze slujirea pastorală.

Dar aceasta nu a fost singura modalitate în care diaconul Earl a slujit strategic. Nu este niciun secret că schimbarea poate fi dificilă pentru cei care au fost membri în aceeași biserică vreme de mai multe zeci de ani. Când biserica noastră a început să atragă tineri, cu tot ce presupune asta – un ambient mai zgomotos, șepci purtate invers etc. – el nu și-a încrucișat brațele, ci i-a primit cu brațele deschise. Cu mustața lui uriașă și un zâmbet chiar mai larg, cei nou veniți i-au simțit căldura și dragostea. Diaconul Earl a ajutat la schimbarea întregii noastre biserici.

Moartea lui Earl de acum câțiva ani a fost unul dintre momentele cele mai delicate din viața bisericii noastre, pur și simplu datorită a cât de mult era el iubit de toți. El era un om care Îl iubea pe Isus și abia aștepta să Îl vadă. Și pentru că Îl iubea pe Isus, îi iubea și pe oameni. De la cel mai tânăr până la cel mai bătrân, fiecare fusese influențat de acest diacon care i-a iubit pe oameni, care a rezolvat conflicte și care a acceptat schimbarea.

Când biserica noastră a trecut de la o conducere cu un singur păstor și un comitet de diaconi la o pluralitate de prezbiteri și diaconi, primul an de tranziție a fost provocator.[2] Deși congregația și diaconii erau în favoarea schimbării, nu este ușor să treci de la o abordare în care diaconii sunt considerați în principal decidenți la una în care ei sunt în principal slujitori. În această perioadă, un diacon pe nume Dave a demonstrat că este un lider natural și respectat, așa că el a devenit coordonatorul diaconilor. Sub conducerea blândă dar fermă a lui Dave, atitudinea

---

[2] Gregg Allison a fost coordonatorul diaconilor de la Hinson Memorial Baptist Church din Portland, Oregon, în timp ce biserica a făcut tranziția către o pluralitate de prezbiteri. El relatează pe scurt cum au mers lucrurile în cartea sa, scrisă împreună cu Ryan Welsh, *Raising the Dust: "How-To" Equip Deacons to Serve the Church* (Louisville: Sojourn Network, 2019), p. 34-38.

fundamentală a diaconilor a trecut de la „trebuie să îl ținem din scurt pe păstorul nostru" la „trebuie să slujim și să ne susținem prezbiterii". Țelul nu este, „Cum putem avea cuvântul final în toate deciziile?", ci „Cum putem ușura mai bine lucrarea prezbiterilor noștri?" Unora dintre diaconi le-a luat ceva timp să își însușească acest concept aparent nou; ei erau obișnuiți să îl țină din scurt pe păstor în deciziile financiare, cele de personal și așa mai departe. Dar un diacon a putut să schimbe dinamica întregului grup.

Vreau să mai spun următorul lucru: într-o perioadă de tranziție, este mare lucru să ai un diacon respectat care să conducă schimbarea din interior. Sârguința lui Dave ca să îi conducă pe diaconi și ca să se supună prezbiterilor a fost un factor hotărâtor pentru întreg grupul de diaconi, lucru care, în schimb, a condus la tot felul de roade bune în biserica noastră. Când fac vizite pastorale, a devenit rar să dau peste situații în care un diacon să nu fi fost deja acolo, slujind în modalități strategice.

Era întâlnirea de rugăciune de duminică seara, iar păstorul senior a vorbit despre lucrarea unui centru local de sprijin pentru femeile însărcinate. Reprezentanții centrului contactaseră biserica noastră întrebându-ne dacă existau membri în măsură să se întâlnească cu un cuplu care decisese să păstreze copilul cu care femeia rămăsese însărcinată. Eu și soția mea ne-am oferit voluntar și ne-am întâlnit de câteva ori cu Karla și cu prietenul ei; soția mea și Karla au devenit destul de apropiate. (Prietenul ei a dispărut din peisaj între timp.) Una dintre cele mai mari nevoi ale lui Karla era să primească sfaturi înțelepte – astfel încât să poată crește un copil având un loc de muncă, să poată aranja grija pentru copil și să își păstreze o atitudine bună. Uimitor a fost că, pe parcursul celor câteva luni de interacțiune, inima lui Karla s-a înmuiat față de Isus Hristos; ea a devenit credincioasă, a fost botezată și a fost primită ca membră în biserica noastră. Desigur, acest lucru ne-a permis mie și soției mele să îi facem cunoștință cu mai mulți frați și mai multe surori din biserică. Într-un fel, noi am primit șansa de a o vedea crescând în credință. Desigur, nimic din toate acestea nu s-a petrecut imediat; probabil că a trecut un an întreg de la momentul când am întâlnit-o pe Karla până când ea L-a primit pe Hristos.

Fiind unul dintre diaconii bisericii noastre care are grijă de nevoile practice ale membrilor, eu fac ocazional apel la întreaga biserică: „Dacă dorește cineva să slujească alături de noi sau dacă are resurse suplimentare pe care ar dori să le dăruiască membrilor care trec prin probleme, dați-ne de știre". Ei bine, un membru ne-a contactat să ne spună că ar prefera să îi doneze o mașină cuiva din biserică decât să stea să o vândă. De aceea, am putut să îi fac legătura lui Karla cu acest membru generos al bisericii, care nu o cunoștea, așa că ea a putut primi gratuit o mașină în stare bună de funcționare.

A fost un privilegiu să fim alături de Karla în unele dintre cele mai întunecate momente din viața ei, în special în prima perioadă. Cu siguranță că lucrurile nu s-au rezolvat rapid, dar nici nu am fost singuri în această slujire. Da, am acționat ca diacon, dar efortul frumos care a dus la rezultatul final a fost al întregii biserici.

———

Când soțul lui Betty a început să își piardă sănătatea mintală din cauza bolii Parkinson, ea a început să se simtă copleșită, deși nu s-a plâns niciodată. Ca diacon, am căutat să aduc membri în ajutorul ei, așa încât să fim alături de ea în această perioadă dificilă din viață. Ei au slujit în orice fel a fost nevoie, ajutând-o să-și mute mobila, să îi curețe subsolul și chiar să îi vândă din anumite lucruri. Mulțumită lui Dumnezeu, firma unde lucrez mi-a oferit flexibilitatea de a o vizita des pe Betty, uneori doar cât să stăm puțin de vorbă. (Diaconii nu trebuie să aibă darul de învățători, dar trebuie să fie echipați să le vorbească oamenilor!) Am avut de asemenea privilegiul de a le întâlni pe cele două fiice ale ei și uneia chiar să îi vorbesc despre Hristos. Betty s-a confruntat cu o mulțime de decizii financiare complicate – de la grija pentru soțul ei în ultimele lui luni de viață până la aranjamentele de înmormântare, inclusiv la estimarea costurilor personale pentru tratamentele medicale, ajungând până acolo încât chiar și-a pus casa la vânzare pe piață. Iacov 1:27 spune clar: „Religia curată și neîntinată, înaintea lui Dumnezeu, Tatăl nostru, este să îi cercetăm pe orfani și pe văduve în necazurile lor, și să ne păzim neîntinați de lume". Prin harul lui Dumnezeu, am fost în măsură să mobilizăm o lucrare față de Betty potrivit acestui verset, reamintindu-i adesea că nu este abandonată și că o iubim mult.

Că veni vorba, toate aceste lucruri au ieșit la iveală în timpul unei perioade dificile de tensiuni rasiale din America. Betty este o femeie bătrână de culoare albă, iar eu sunt un tânăr negru; pentru lumea din jurul nostru, o prietenie cum este cea care s-a legat între mine și ea poate părea ceva ciudat, chiar scandalos. Dar sângele care ne unește curge mai adânc decât orice lucru ne-ar putea despărți. Cu adevărat, totul este posibil în Hristos.

———

Aici, în Sevilla, în Spania, unul dintre diaconii noștri a organizat și a coordonat o lucrare îndreptată către cele mai sărace zone din oraș. El a strâns grupuri de membri ai bisericii, care au vizitat zona câte două seri pe lună, căutând persoane fără adăpost și familii sărace. Rugăciunea și nădejdea noastră a fost aceea de a deschide discuții evanghelistice în timp ce împlineam nevoi practice furnizându-le acelor oameni lucruri precum pături, șosete și alimente.

Cei din vecinătatea bisericii noastre au devenit profund receptivi la Evanghelie prin eforturile acestui diacon. Ei au cerut să se facă un studiu biblic în corturile de carton unde se adăposteau, ba chiar unele familii au început să participe la serviciile noastre de închinare. La început, noi credeam că ei vin doar pentru ceea ce le dăruiam; totuși, cu trecerea timpului, oamenii din acea comunitate au fost mântuiți și botezați. În fapt, acum câteva luni, Dumnezeu ne-a deschis ușa către plantarea unei biserici în acea zonă, un lucru care ar fi fost imposibil în absența viziunii și a inițiativei acestui singur diacon credincios!

———

Am observat cândva la biserică, într-o zi de duminică, că o tânără mamă stătea alături de copiii ei pe rândurile din spate. După întâlnirea bisericii, soția mea s-a dus la ea și astfel a aflat că Trina se întâlnise cu unul dintre colegii mei diaconi, care coordona lucrarea de binefacere (o lucrare care împlinește nevoile practice și le mărturisește Evanghelia celor din afara bisericii). Soția mea a luat datele de contact ale lui Trina și in săptămâna care a urmat i-a trimis un mesaj prin care a invitat-o cu familia la cină. Între timp, am aflat de la celălalt diacon că Trina se confrunta cu mai multe probleme serioase; în fapt, când a venit momentul cinei, nu aveam nicio așteptare despre cum avea să se încheie acea seară. La un moment dat, soția mea a tras-o deoparte pe Trina și a întrebat-o: „Voi aveți unde să dormiți la noapte?" Trina a recunoscut că nu aveau, așa că am încurajat-o să rămână peste noapte cu noi și cu copiii noștri. Astfel, Trina și copiii ei au ajuns să locuiască cu noi vreme de câteva luni, iar acum locuiesc cu un alt cuplu din biserică. Noi nu credem că ea este mântuită, chiar dacă suntem bucuroși că se află într-o situație mult mai stabilă decât atunci când a călcat pragul bisericii noastre pentru prima dată.

Desigur, nu orice diacon este în situația de a găzdui spontan și pe termen lung o familie aflată în dificultate. Poate fi chiar un lucru nechibzuit. Dar familia noastră s-a aflat în situația în care am crezut că putem ajuta, prin puterea lui Dumnezeu. Lucrarea bisericii noastre pentru familia lui Trina a fost un efort coordonat, nu ceva făcut de o sigură persoană. Numeroși membri au strălucit atunci când li s-a oferit oportunitatea de a sluji.

Iată ce am învățat din slujirea ca diacon: pentru a continua lucrarea în credincioșie, trebuie să faci totul ca pentru Domnul, nu ca pentru oameni (Col. 3:23). La urma urmei, oamenii cărora le slujești îți pot produce frustrări. Prima slujire diaconală din istorie a fost făcută în contextul navigării printr-o situație conflictuală, biserica încercând să o înțeleagă și să o rezolve (F.A. 6). Diaconii există pentru că există circumstanțe de viață provocatoare! Ești acolo ca să ajuți la împăciuire în fața tensiunii și la claritate în fața complexității. Desigur, acest lucru nu este ușor; n-a fost niciodată. Dar merită toată truda. De aceea, dragi colegi diaconi, haideți să nu cădem de oboseală în facerea de bine. Tatăl nostru ceresc ne vede, iar slujirea făcută pentru El nu este niciodată în zadar (Gal. 6:9-10; 1 Cor. 15:58).

O femeie credincioasă din biserica noastră a văzut un lucru care lipsea în lucrarea noastră și a dorit să coordoneze o „lucrare de ajutorare" foarte asemănătoare celei din Faptele Apostolilor 6. Membrii au început să se alăture echipei pentru a împlini nevoi concrete. A fost alcătuită o listă de membri nedeplasabili, anumite familii preluând responsabilitatea de a le da săptămânal telefoane și de a le face vizite regulate. Cei care aveau nevoie de muncă în grădină, de vopsirea casei și multe altele au fost puși în legătură cu cei care puteau împlini acele nevoi.

Când un fost prezbiter a murit, fiica lui necredincioasă a fost copleșită de starea în care casa lui se găsea. Prin „ajutorul" acestei echipe diaconale, s-a reușit curățarea masivă a proprietății, venind astfel cu o mărturie evanghelistică deosebită.

Această lucrare slujește și ca punct de legătură al bisericii cu acei membri care se confruntă cu perioade delicate, inclusiv prin organizarea de mese. În mijlocul pandemiei de COVID-19, lucrarea a fost mijlocul prin care au fost împlinite toate nevoile celor ce treceau prin probleme concrete. Lucrarea aceasta rămâne o modalitate valoroasă prin care prezbiterii iau și mai bine pulsul vieții bisericii.

Este greu să îl ocolești în congregația noastră: are chelie și poartă pantaloni negri de piele. Hank a fost mântuit din lumea drogurilor, are doar diplomă de liceu și a lucrat numai munci manuale toată viața lui. De asemenea, el este și unul dintre cei mai eficienți diaconi pe care i-am cunoscut.

Hank și soția lui au venit în biserica unde păstoresc la aproape șase luni după ce eu și soția mea am venit aici. În primii cinci ani au existat trei încercări diferite de a mă concedia. Îmi este îndeajuns să spun că acele vremuri au fost suficient de dure ca să mi le mai aduc aminte și îmi este aproape imposibil să le uit. Dar acest cuplu a fost unul dintre primele care mi-au spus în termeni clari: *Suntem aici, rămânem aici, și facem noi cumva să scăpăm de tine.*

Când am ajuns la biserică, diaconii acționau ca niște prezbiteri de facto. Nu a trecut mult timp, că unii dintre ei au devenit nerăbdători să scape de mine. Între timp, Hank slujea în tăcere și își construia prietenii în biserică, inclusiv cu unii dintre acești diaconi. În fapt, el s-a dovedit a fi un slujitor atât de asiduu și și-a construit atâta capital relațional, încât diaconii au hotărât să îl adauge echipei lor. Apoi, întrucâtva ironic, Hank a ajuns să fie primul diacon adevărat care s-a alăturat comitetului, dacă ar fi să judecăm lucrurile biblic.

Odată ce a devenit diacon, el a gestionat cu dibăcie conflictul care a izbucnit. Când s-a pus în discuție rolul meu de lider în conducerea bisericii, el și-a ales bătăliile pe care să le ducă, dar și-a păstrat poziția. În final, Hank a ajuns coordonatorul diaconilor, parțial pentru că era tânăr (toți ceilalți se apropiau de 90 de ani), dar și pentru că el le câștigase încrederea. Încă sunt uimit de faptul că acei veritabili patriarhi au avut suficientă încredere încât să îl desemneze pe Hank liderul comitetului de diaconi, lucru care spune enorm de mult despre felul în care el a gestionat situația.

Evident, odată ce s-a îndepărtat ceața acelor cinci ani, ceea ce a rezultat nu a fost doar o biserică diferită, ci și un comitet diaconal diferit. Hank nu urmase niciodată cursurile vreunui seminar teologic, nici nu slujise în vreun alt fel, dar el a înțeles intuitiv cum se face revitalizarea unei biserici.

De aceea, când a venit momentul potrivit, în al șaselea an, pentru a face tranziția către prezbiteri, Hank a fost un susținător-cheie având în vedere poziția lui ca lider al grupului de diaconi. El m-a ajutat enorm de mult, dirijând înțelegerea de către diaconi a rolului lor biblic, în lumina conducerii bisericii prin prezbiteri. Trecerea bisericii noastre la o pluralitate de prezbiteri nu ar fi avut loc fără influența acestui diacon neașteptat, dar exemplar.[3]

———

Tim Ellis era membrul exemplar al bisericii și slujitorul model; fiind respectat de toți, părea că el poate face orice pentru oricine. Cu siguranță că nimeni nu ar fi putut

---

[3] Hank a schițat astfel cele trei categorii mari de responsabilități diaconale: (1) *clădirea*: îngrijirea terenului și reparațiile necesare; (2) *trupurile:* grija pentru nevoile fizice ale oamenilor; și (3) *granițele:* asumarea responsabilității pentru siguranța oamenilor câtă vreme se află pe proprietatea bisericii.

să conceapă ca el să nu fie desemnat ca diacon. Exista însă un singur lucru delicat: soția lui fusese anterior divorțată. Deși majoritatea ar fi spus că divorțul ei fusese biblic (fostul ei soți comisese adulter), asupra amândurora plutea un nor de ceață, pentru că mai mulți membri mai vechi nu erau dispuși să îl ia în considerare pentru slujirea de diacon, având în vedere felul în care ei înțelegeau cerința pentru diacon de a fi „bărbatul unei singure neveste" (1 Tim. 3:12).

Mai mulți lideri au fost frustrați de această minoritate vocală, dar Tim nu a fost. În fapt, atitudinea lui a fost una incredibilă. În esență, el ne-a spus: *Este în regulă, înțeleg ce spuneți. Uneori trebuie să îi luăm pe oameni așa cum sunt. Eu voi sluji oricum asemenea unui diacon; nu trebuie să îmi dați vreun titlu.* Iar acesta nu a fost doar un sentiment drăguț; Tim slujise ani la rând fără a avea vreun titlu oficial. Când a fost ordinat în final ca diacon, a fost un mare câștig pentru congregație, ca să nu mai zic de oportunitatea deosebită a tuturor de a învăța ceva.

La doi ani după aceea, Tim a murit într-un accident de mașină, lăsându-și în urmă soția și doi copii. Tim a fost vecin cu mine și unul dintre cei mai apropiați prieteni; moartea lui și absența lui ulterioară din biserică rămâne unul dintre cele mai dificile lucruri prin care am trecut vreodată. Ce mărturie ne-a lăsat acest diacon? Există până azi o expresie care circulă în biserica noastră: Principiul Tim Ellis. Cu alte cuvinte, *slujește-L pe Domnul în tot ce faci, indiferent dacă îți recunoaște cineva slujirea.* Sau, ca să mă exprim altfel, trăiește ca Tim, omul care și-a slujit biserica asemenea unui diacon înainte ca ea să îi acorde acest titlu.

———

Eu păstoresc o biserică „subterană" în China, iar de ziua Domnului noi ne adunăm pentru închinare în sala de conferințe a unui hotel, pe care o închiriem. Pentru o vreme, grupurile noastre de casă au fost desemnate, prin rotație, să vină mai devreme și să plece mai târziu ca să poată aranja sala pentru închinare și ca să facă ulterior curățenie. Responsabilitățile acestor grupuri includ de asemenea pregătirea pâinii și a vinului pentru Cina Domnului, și întâmpinarea celor care ne vizitează.

Totuși, au apărut nemulțumiri, din motive rezonabile. În primul rând, nu toți membrii bisericii erau parte dintr-un grup de casă, ceea ce însemna că erau unii membri care nu aveau niciodată ocazia să slujească. În al doilea rând, familiilor care aveau copii mici nu le venea ușor să sosească mai devreme la locul de întâlnire sau să plece mai târziu. (În plus, copiii aveau să complice mai mult lucrurile în timp ce toți adulții se străduiau să curețe locul!) Toate acestea i-au făcut pe unii membri necăsătoriți să fie oarecum frustrați, pentru că ei ajungeau să facă cea mai mare parte a lucrării. Ar trebui să menționez de asemenea că nu aveam bani ca să putem angaja pe cineva care să facă curățenie, nici nu credeam că ar fi fost un lucru înțelept, din motive de siguranță. În final, totul ni s-a părut clar: nu era fezabil să continuăm cu această abordare de slujire prin rotație, folosind grupurile de casă.

De aceea, am hotărât să desemnăm un diacon care să se ocupe de această problemă. Am ales un frate care să se califice biblic și i-am dat acest rol „de grijă a locului de întâlnire și de ospitalitate", cerându-i să propună un plan de rezolvare a problemei. La scurt timp după aceea, acest frate a venit cu un plan pe care l-a prezentat liderilor bisericii, iar ei l-au aprobat.

Sub coordonarea diaconală, noul sistem a fost un important pas înainte. Toți membrii își cunosc responsabilitățile și au fost încurajați să se iubească mai mult unii pe alții și să aibă grijă mai bine de familiile cu copii mici. Pentru prezbiteri, aceasta a fost o oportunitate excelentă de a învăța congregația despre jertfă, dragoste și credincioșie.

Astfel, de multe ori, slujba unui diacon este aceea de diminuare a conflictelor din biserică. Eu cred că cei mai buni diaconi fac o lucrare extrem de valoroasă, fără a fi ceva spectaculos. Sunt atât de recunoscător că Dumnezeu a folosit diaconi în biserica noastră, ca să ne ajute să creștem spiritual.

În urmă cu câțiva ani am fost nevoiți să îi cerem unui păstor să demisioneze ca urmare a unor dezacorduri și tensiuni relaționale prelungite. Douăzeci sau treizeci de membri fuseseră răniți și se simțeau confuzi; ei îl iubeau pe acest om și nu înțelegeau de ce pur și simplu nu reușeau să aibă o relație sănătoasă cu el. Întrucât încrederea celor din acest grup în prezbiteri s-a pierdut, ne-am simțit incapabili să îi păstorim. Aveam nevoie de un mediator, cineva care să stea în spărtură. Jeff, unul dintre diaconii noștri, a făcut pasul în față în acea circumstanță. El s-a implicat în această situație delicată, plină de tensiune, și a atenuat șocul ei. Lucru uimitor, relația noastră cu păstorul respectiv s-a ameliorat, și el a ajuns în final să rămână în biserică încă vreo câteva luni până a găsit o oportunitate de slujire în altă parte. Nicio persoană nu a plecat din biserică din cauza acelei probleme.

Sunt convins că nimic din toate acestea n-ar fi fost posibile fără înțelepciunea și tenacitatea lui Jeff în încurajarea păcii. Cel mai probabil că s-ar fi ajuns la situația în care acel păstor să părăsească biserica împreună cu mulți alți membri. Dar întrucât atât prezbiterii cât și membrii au avut încredere în diaconul Jeff, el s-a dovedit a fi mediatorul potrivit pentru acel moment. În toată această situație, mulțumită inițiativei lui și a slujirii lui, congregația noastră a putut să dea o mărturie pentru frumusețea împăcării biblice.

———

De fiecare dată când celebrăm Cina Domnului, diaconul nostru care răspunde de această slujire sosește mai devreme la locul de închinare pentru a pregăti pâine și pentru a umple paharele de vin. De asemenea, când avem botezuri, el vine mai devreme ca să pregătească tot ce este necesar, punând totul în ordine după întâlnire. El face toate aceste lucruri cu o mare bucurie.

Truda aceasta făcută în tăcere face posibil un lucru prețios: noi toți ceilalți, inclusiv păstorii, venim laolaltă și participăm la cele două rânduieli evanghelice care ne reamintesc de Hristos, fără a avea vreo piedică logistică. Faptul că pot să mă focalizez pe slujire prin rânduieli și să mă *bucur* de aceste momente – fără să trebuiască să mă gândesc la aranjamente și la curățenia de după – îmi îmbogățește experiența ca păstor și experiența noastră ca familie a credinței.

Aici, în Los Angeles, eu și soțul meu avem o mică organizație de caritate care confecționează genți de mână pentru familiile care iau copii în plasamente de urgență. De asemenea, noi slujim ca diaconi în biserica locală. Anul trecut, un coleg diacon ne-a făcut cunoștință cu un avocat care reprezenta în instanță adolescente din plasamente, dar care erau însărcinate. La acel moment, avocatul ne-a explicat că existau în zona Los Angeles trei sute de fete însărcinate în sistemul de plasament. Impresionați de această situație, Domnul ne-a dat o idee: cum ar fi dacă am organiza o petrecere pentru toate aceste fete însărcinate?

Biserica noastră a moștenit recent o clădire frumoasă în oraș, unde păstorii noștri erau dornici să ne lase să organizăm o astfel de întâlnire. Astfel a început un efort remarcabil de colaborare între mica noastră organizație de caritate și biserica noastră. Avocatul a ales 11 fete care se aflau în circumstanțe cu totul delicate, iar noi am găsit câte o femeie din biserica noastră pentru fiecare dintre ele. Astfel, noi voiam ca acea întâlnire să fie percepută ca un moment de celebrare a faptului că erau însărcinate, nu doar un eveniment organizat pentru copii abandonați. Ne-am rugat ca aceste tinere să perceapă același nivel al dragostei și anticipării pe care le-am avut mulți dintre noi la propriile întâlniri de acest fel. Chiar dacă eu am coordonat acest efort, întreaga biserică a participat, donând bunuri în valoare de 3.000 dolari, o sumă uimitoare.

Întâlnirea a avut tot ce era nevoie: flori, mâncare bună, cafea, jocuri, am făcut fotografii și așa mai departe – toate fiind donate și organizate de surorile din biserică. În acea perioadă, organizația noastră de caritate avea o fată practicantă necredincioasă, care nu pusese niciodată piciorul în interiorul unei clădiri de biserică; ea a fost uimită să vadă pentru prima dată manifestarea dragostei creștine. În ziua întâlnirii, fiecare dintre acele adolescente a primit un pătuț, un scaun de copii, o geantă brodată, scutece, animăluțe de pluș și haine de bebeluși pentru un an de zile. A venit și un fotograf, care le-a făcut poze de calitate tuturor fetelor, lucru care li s-a părut uimitor și o dovadă de prețuire din partea noastră. Țelul nostru era unul modest: noi doar voiam să găsim modalități de a le onora pe aceste fete în decizia lor de a păstra sarcina în fața multor provocări, să celebrăm împreună cu ele pentru câtva timp și să le încurajăm pentru alegerea lor îndrăzneață. Ce privilegiu să fim în măsură să oferim un mic crâmpei din inima lui Dumnezeu față de aceste fete aflate în situații atât de dificile. Lucrarea noastră ca diaconi nu a făcut decât să dezlănțuie un efort care le-a permis atât de multor frați și surori să slujească împreună. Nu voi uita niciodată aceste lucruri.

———

Noi suntem o biserică recent plantată în Australia. Nu avem clădirea proprie, așa că ne închiriem un spațiu pentru închinarea săptămânală. Tim era diaconul nostru care coordona partea logistică de fiecare duminică; în fapt, el a slujit ca diacon chiar dinainte ca noi să desemnăm oficial diaconi în biserică. Nu mi-l amintesc deloc pe Tim făcând ceva din față, dar slujirea lui a contat foarte mult în spatele scenei. El a organizat toată echipa de voluntari a bisericii – de la lucrarea cu copiii până la echipa de sunet și muzică, și de la cei care îi întâmpinau pe vizitatori și până la pregătirea locului de închinare și curățenia de după întâlnire. Săptămână de săptămână, noi am mers într-o încăpere care era complet pregătită pentru închinare înaintea lui Dumnezeu și pentru zidirea poporului Său mulțumită slujirii smerite a acestui frate.

Tim nu a slujit în modalități care să le atragă atenția celorlalți; în multe cazuri, el a slujit astfel încât să nu fie văzut decât de Isus. Truda lui le-a permis prezbiterilor să se concentreze pe propovăduirea Cuvântului și pe rugăciune. Eu sunt convins că această slujire a ferit biserica de tot felul de complicații și conflicte potențiale. Noi suntem deosebit de recunoscători pentru slujirea săptămânală pe care Tim a făcut-o în toată acea perioadă.

Anul trecut, un bărbat din biserica noastră – în vârstă de circa 40 de ani, căsătorit și cu trei copii – a trecut printr-o problemă neurologică foarte delicată. El s-a putut întoarce acasă de la spital după ce a trecut foarte aproape de moarte, dar nu era clar dacă el o să mai poată merge vreodată – și atunci doar ajutat. Între timp, i-a fost dăruit un scaun cu rotile, care avea să devină parte din viața lui – numai că locuința lor nu era amenajată astfel încât să îi permită deplasarea cu un scaun cu rotile. Diaconii noștri au trecut imediat la acțiune! În mai puțin de o săptămână, ei au reușit să proiecteze și să construiască o rampă de acces în casă, apoi au pus o nouă pardoseală la parter, în zona care urma să fie amenajat dormitorul lui. A fost un efort cu adevărat remarcabil.

O altă slujire asemănătoare s-a petrecut în perioada când au fost impuse restricțiile COVID-19, când am auzit de „zonele deșertice" din oraș – acele zone cu locuitori cu venituri mici, care nu își permiteau hrana pentru că își pierduseră locurile de muncă. Astfel, diaconii noștri au organizat curse cu alimente; vreme de două zile, ei și-au pus mănuși de protecție și măști, și au recepționat alimentele și conservele donate de membrii bisericii noastre. Astfel am putut colecta două camionete de alimente! Diaconii le-au livrat apoi într-un loc amenajat special, unde bisericile locale din zonele adiacente puteau să le preia și să le distribuie celor aflați în nevoi.

Eu păstoresc o biserică mică, din mediul rural, aflată în partea de est a statului Texas. În urmă cu aproape un an, James – un bărbat în vârstă, cu puține venituri și cu o sănătate precară – a finalizat procesul de membralitate și a fost primit cu bucurie în familia bisericii noastre. În tinerețe, James fusese militar în armata SUA și păstorise câteva mici biserici; acum, el a rămas văduv și un pensionar destul de singuratic. Nu mi-a luat mult timp ca să îmi dau seama că el avea multe nevoi practice și că nu își putea purta singur de grijă.

David este un diacon vesel și cu o inimă mare, întotdeauna în căutarea modalităților de a le sluji altora, astfel că a fost bucuros să facă cunoștință cu James. David trebuie să facă un ocol de 30 de minute cu mașina ca să îl aducă pe James la studiul biblic pentru bărbați din fiecare dimineață de vineri. De asemenea, el îl însoțește cu regularitate pe James în oraș, ca să își facă cumpărăturile și să își rezolve diferite alte probleme. James a ajuns recent la spital din cauza unor complicații la plămâni, iar David a fost primul care a aflat și care l-a încurajat pe James în toată acea perioadă stresantă.

David și-a asumat multe slujiri simple, dar consumatoare de timp, în viața și lucrarea bisericii noastre, împlinind nenumărate nevoi practice ale membrilor bisericii. Un motiv major pentru care sunt în măsură să aloc timp suficient lucrării Cuvântului și rugăciunii este slujirea iubitoare și sârguincioasă făcută de David. Îl laud pe Dumnezeu pentru el.

NUMITORUL COMUN

Poți vedea impactul uriaș pe care îl au diaconii eficienți? Ei își ajută păstorii și îmbogățesc în multe feluri viața bisericii: ei organizează lucrurile pentru întâlnirile bisericii și rezolvă nevoi concrete, protejând astfel lucrarea Cuvântului, ocrotind armonia din trupul bisericii, îngrijind de cei năpăstuiți și multe altele.

Nu încape îndoială că locurile și circumstanțele diferă mult de la o biserică la alta, dar numitorul comun – bătaia de inimă – al lucrării diaconale rămâne ace: slujirea cu lepădare de sine spre binele bisericii lui Hristos și spre gloria Numelui Său.

6

FRUMUSEȚEA

Pe cine reflectă diaconii?

Isaac este descurajat. Au trecut 12 ani de când a fost desemnat diacon la Riverside Church, și sunt zile când se întreabă de ce a fost de acord. *M-am investit atât de mult în această biserică, dar nimeni nu mă observă vreodată și nimeni nu arată că îi pasă, se gândește Isaac. Nu umblu după laudă deșartă, dar un „mulțumesc" din când în când ar fi ceva plăcut.*

Isaac coordonează lucrarea bisericii cu membrii nedeplasabili, cei a căror stare de sănătate nu le permite să ajungă duminica la biserică. El a petrecut nenumărate ore în casele sfinților bătrâni de la Riverside, înlocuind becuri, montând balustrade și construind rampe de acces cu scaunul cu rotile. Isaac nu se plânge de munca manuală, și chiar se pricepe la asta, dar îl deranjează când membrii bisericii spun că „limbajul dragostei" lui trebuie să se manifeste prin acte de slujire. (El nu își amintește să fi avut de ales.)

Unul dintre scopurile pentru care am scris această

carte a fost acela de a restaura câtuși de puțin din demnitatea și chiar din strălucirea slujirii diaconale. Dar este acesta doar un sentiment plăcut, ușor de susținut pe hârtie, dar un vis aproape irealizabil având în vedere realitățile vieții? La urma urmei, diaconii ca Isaac în biserici precum Riverside sunt, cel mai probabil, mai asemănători decât ne închipuim. Mulți diaconi își *pierd* din energie și încurajare, fiind drenați de motivație și bucurie. Poate că aici vei regăsi descrierea unui diacon din biserica ta. Sau poate că te descrie chiar pe tine.

Întrucât ne apropiem de linia de final a acestei cărți, aș vrea să reiterez că lucrarea diaconală nu este glorioasă pentru că este întotdeauna vizibilă (adeseori nici nu este). Ea nu este glorioasă pentru că ar aduce întotdeauna satisfacție (de multe ori nu aduce). În esență, lucrarea este glorioasă datorită a ceea ce ea oglindește.

PREVESTIREA FĂCUTĂ DE ISAIA

Când Isus a fost pe pământ, slujirea de diacon nu exista. Cu toate acestea, viața Lui a avut mult de-a face cu ea. Totuși, dacă vrem să înțelegem importanța impactului lui Isus asupra lucrării diaconale, trebuie să derulăm istoria înapoi pentru a vedea felul în care Vechiul Testament îi dă sens discuției despre slujirea diaconală.

Tema Israelului ca slujitor ale de Dumnezeu capătă o proeminență specială în cartea Isaia, carte care a fost scrisă cu 700 de ani înaintea venirii lui Isus pe pământ:

> Dar tu, Israele, robul Meu, Iacove, pe care te-am ales, sămânța lui Avraam, prietenul Meu, tu, pe care te-am luat de la marginile pământului, și pe care te-am chemat dintr-o țară îndepărtată, căruia ți-am zis: „Tu ești robul Meu, te aleg, și nu te lepăd!" (Isaia 41:8-9; cf. 43:10; 44:1-2).

Cu toate acestea, nici măcar statutul deosebit ca slujitor ales al lui Dumnezeu nu a fost suficient pentru salvarea acestui popor de sub pedeapsa păcatelor lor. În ciuda acestui fapt, Dumnezeu, care este bogat în îndurare, a promis iertarea:

> Ține minte aceste lucruri, Iacove, și tu, Israele, căci ești robul Meu. Eu te-am făcut, tu ești robul Meu, Israele, nu Mă uita! Eu îți șterg fărădelegile ca un nor, și păcatele ca o ceață: întoarce-te la Mine, căci Eu te-am răscumpărat (Isaia 44:21-22; cf. 48:20).

Mai mult, această binecuvântare a iertării nu a fost menită niciodată doar pentru Israel. Încă de la chemarea lui Avram (Gen. 12:3), țelul lui Dumnezeu pentru poporul Lui a fost acela de a media binecuvântarea Lui față de lume:

> El [Domnul] zice: „Este prea puțin lucru să fii Robul Meu ca să ridici semințiile lui Iacov și să aduci înapoi rămășițele lui Israel. De aceea, te pun să fii Lumina neamurilor, ca să duci mântuirea până la marginile pământului" (Isaia 49:6).

Și totuși, dincolo de toată această atenție „națională", camera lui Isaia se concentrează pe un singur om, unul care avea să reprezinte întreaga națiune. Haideți să vedem felul în care începe prima cântare a Robului:

> Iată Robul Meu, pe care-L sprijin, Alesul Meu, în care Își găsește plăcere sufletul Meu (Isaia 42:1).

Până la momentul când ajungem la cântarea finală a Robului din Isaia, lentilele camerei se focalizează complet, avându-L în vedere totalmente pe acest Rob emblematic. Este vorba despre unul dintre cele mai profetice pasaje din întreaga Scriptură ebraică. În doar 15 versete, de la Isaia 52:13 până la 53:12, Dumnezeu arată clar că înălțarea Robului Lui nu va avea loc separat de smerirea Lui ca urmare a purtării păcatelor:

> Iată, Robul Meu va propăși; Se va sui, Se va ridica, Se va înălța foarte sus... Domnul a găsit cu cale să-L zdrobească prin suferință... Dar, după ce Își va da viața ca jertfă pentru păcat, va vedea o sămânță de urmași, va trăi multe zile, și lucrarea Domnului va propăși în mâinile Lui. Va vedea rodul muncii sufletului Lui și Se va înviora. Prin cunoștința Lui, Robul Meu cel neprihănit îi va pune pe mulți oameni într-o stare după voia lui Dumnezeu, și va lua asupra Lui povara nelegiuirilor lor (Isaia 52:13; 53:10-11).

Și ce anume rezultă din moartea și învierea Robului? Neamurile sunt adoptate în familie ca slujitori ai Dumnezeului cel viu:

> Și pe străinii, care se vor lipi de Domnul ca să-I slujească, și să iubească Numele Domnului, pentru ca

să fie slujitorii Lui, și pe toți cei ce vor păzi Sabatul, ca să nu-l pângărească, și vor stărui în legământul Meu, îi voi aduce la muntele Meu cel sfânt, și-i voi umplea de veselie în Casa Mea de rugăciune. Arderile lor de tot și jertfele lor vor fi primite pe altarul Meu, căci Casa Mea se va numi o casă de rugăciune pentru *toate* popoarele (Isaia 56:6-7).

Dacă ar fi să creionăm o imagine de ansamblu a întregii cărți Isaia, acest lucru ne-ar descoperi ceva uimitor: Regele (cap. 1-37) este Robul (38-55) cuceritor (56-66). El este aceeași Persoană. Iar dacă lărgim mai mult priveliștea, înaintea noastră se ivește o nouă legătură în narațiunea Bibliei: Robul lui Dumnezeu care a suferit nu este nimeni altul decât Relege sfânt al lui Dumnezeu (2 Sam. 7:12-13), prin care este revărsată binecuvântarea lui Dumnezeu (Gen. 12:3) și prin care vrăjmașul lui Dumnezeu este ucis (Gen. 3:15).

REGELE REGILOR, DIACONUL DIACONILOR

De aceea, când Isus își face apariția în final pe scena istoriei, El nu apare într-un vid. O mulțime de făgăduințe și secole de așteptare nerăbdătoare acumulate – „speranțele și temerile strânse peste ani", așa cum ne spune un colind – încep să prindă formă în jurul unui Slujitor galileean dintr-un neînsemnat sat, în mijlocul celui mai puternic imperiu de pe pământ. Iar când El Își începe lucrarea publică, El nu irosește timpul, ci Se identifică de îndată ca subiectul cântării vechi din Isaia, căci toate cântările vorbeau despre El:

> A venit în Nazaret, unde fusese crescut; și, după obiceiul Său, în ziua Sabatului, a intrat în sinagogă. S-a sculat să citească, și I s-a dat cartea prorocului Isaia. Când a deschis-o, a dat peste locul unde era scris: „Duhul Domnului este peste Mine, pentru că M-a uns să le vestesc săracilor Evanghelia; M-a trimis să îi tămăduiesc pe cei cu inima zdrobită, să le propovăduiesc robilor de război slobozirea, și orbilor căpătarea vederii; să le dau drumul celor apăsați, și să vestesc anul de îndurare al Domnului". În urmă, a închis cartea, i-a dat-o înapoi îngrijitorului, și a șezut jos. Toți cei ce se aflau în sinagogă, aveau privirile pironite spre El. Atunci a început să le spună: „Astăzi s-au împlinit cuvintele acestea din Scriptură, pe care le-ați auzit" (Luca 4:16-21).

Isus a venit pentru a întruchipa planul ce îi fusese dat Israelului, pentru a reuși acolo unde poporul acela eșuase și pentru a fi exilat în final pe o cruce păgână. Între timp, El avea să îi învețe pe ucenicii Lui secretul uluitor al adevăratei mărețîi și al vieții smerite din Împărăția adevărată:

> Isus i-a chemat la El și le-a zis: „Știți că cei priviți drept cârmuitori ai neamurilor domnesc peste ele, și mai marii lor le poruncesc cu stăpânire. Dar între voi să nu fie așa. Ci oricare va vrea să fie mare între voi, să fie slujitorul vostru [*diakonos*]; și oricare va vrea să fie cel dintâi între voi, să fie robul tuturor.

Căci Fiul omului n-a venit să I se slujească [*diakonēthēnai*], ci El să slujească [*diakonēsai*] și să-Și dea viața răscumpărare pentru mulți!" (Marcu 10:42-45; cf. 9:34-35).

Lumea a măsurat întotdeauna măreția după standardul slujirii pe care cineva o *primește,* nu prin cel al slujirii pe care o face. Dar Isus schimbă radical logica noastră decăzută. „El nu face schimbări sau ajustări subtile într-un sistem bine înrădăcinat", observa un teolog. „El [întoarce] întreg sistemul de gândire pe dos, făcându-l... pe cel dintâi să fie cel de pe urmă și pe cel de urmă să fie cel dintâi".[1] Și cum face El aceasta? Cum inaugurează El standardele care zdrobesc calea lumii? „El face acest lucru demonstrând practic. El ,slujește ca un diacon'. Puneți un mare preț pe acel cuvânt, căci el se ridică din inima Evangheliei".[2]

În anticiparea mesei Sale finale cu ucenicii Lui, Isus face aranjamentele astfel încât să aibă o cameră unde să se întâlnească cu ei și astfel încât masa să fie pregătită. Când au intrat pe ușă în după-amiaza acelei zile, ucenicii nu se arată surprinși de aroma pâinii de pe masă. Ei nu sunt surprinși nici să vadă acolo un ștergar și un lighean. Există un singur lucru care lipsește din peisaj, după gândirea lor. *Unde este slujitorul?* Ultimul lucru din lume la

---

[1] George C. Fuller, "The High Calling of Deacon", în Timothy J. Keller, *Resources for Deacons: Love Expressed through Mercy Ministries* (Lawrenceville, GA: Presbyterian Church in America Committee on Discipleship Ministries, 1985), p. 7.
[2] Fuller, "High Calling of Deacon", p. 7.

care ei s-ar fi așteptat să îl vadă era ca marele lor Învățător să îngenuncheze, asumându-Și poziția și rolul unui om neînsemnat – un rob! – ca să spele picioaree lor murdare. Dar El face acest lucru. Apoi, ca un mecanism cu ceas, poate chiar înainte ca picioarele lor să se fi uscat complet, o dispută izbucnește între ucenici, pe tema ierarhiei. Isus întrerupe cearta lor patetică: „Căci care este mai mare: cine stă la masă, sau cine slujește [*diakonōn*] la masă? Nu cine stă la masă? Și Eu totuși, sunt în mijlocul vostru ca cel ce slujește la masă [*diakonōn*]" (Luca 22:27).

Tim Keller extrage două implicații pentru lucrarea diaconală din acest pasaj. Cuvintele lui lovesc în plin:

> Mai înainte de toate, Isus a spălat picioarele în ciuda faptului că Se afla în fața morții. Isus urma să aibă parte de mânia lui Dumnezeu revărsată asupra Lui. El avea să simtă povara imensă a acesteia chiar la Cină. Când noi suntem răniți, având o mulțime de griji pe umeri, ne uităm cumva în jurul nostru pentru a vedea dacă există oameni ale căror picioare trebuie spălate? Căutăm mici modalități de slujire? Nu! În general, în astfel de situații suntem absorbiți de necazurile noastre și ne dorim ca oamenii să vină și să ne slujească... Un slujitor adevărat nu spune, „Voi începe să slujesc după ce îmi vor rezolva lucrurile din viață, după ce voi trece de perioadele mai aglomerate și după ce voi avea calendarul mai liber". Poate că ești rănit și chiar mânios că nimeni nu te observă. Dar unde ai fi dacă Isus ar fi avut atitudinea ta?

În al doilea rând, Isus a slujit în ciuda nevredniciei ucenicilor. Observați că Ioan ne aduce aminte că Isus știa că trădătorul era prezent (13:2, 10). Isus i-a văzut pe toți – un trădător, unul care avea să se lepede de El, toți urmând să Îl abandoneze! Când El a avut cea mai mare nevoie de ei, toți aveau să Îl părăsească. Una dintre acele perechi de picioare era murdară și încărcată de vânzarea care a aranjat tortura și moartea Lui. Dar ce a făcut Isus? A spălat acele picioare.[3]

În societatea greacă antică, acest fel de comportament nu era unul de imitat; era considerat absurd. Nu era deloc frumos, ci respingător. „Cum se poate", se întrebase Platon cu patru secole în urmă, „ca omul să fie fericit, dacă slujește în orice fel?"[4] Și totuși, aici Îl avem pe Fiul etern al lui Dumnezeu, aplecându-Se smerit, ridicând la rang de cinste cea mai înjositoare muncă din lume.

LUCRAREA DIACONALĂ CONTINUĂ A LUI HRISTOS

Lucrarea pământească a lui Isus a fost puternică atât în cuvânt cât și în faptă (cf. Luca 24:19), iar El continuă această abordare azi, în mare parte prin slujirile prezbiterului și diaconului. În timp ce prezbiterii slujesc prin cuvinte, diaconii slujesc prin fapte, astfel că lucrarea holistică a lui

---

[3] Timothy J. Keller, *Ministries of Mercy: The Call of the Jericho Road*, 2nd ed. (Phillipsburg, NJ: P&R, 1997), p. 138.
[4] Plato, *Dialogues of Plato: Translated into English, with Analyses and Introduction*, vol. 3, trans. Benjamin Jowett (Cambridge: Cambridge University Press, 2010), p. 86.

Hristos merge mai departe. „Hristos îngrijește de biserica Sa prin slujitorii pe care El îi alege", observă William Boekestein și Daniel Hyde. Iar diaconii, afirmă ei, sunt un mijloc prin care El continuă parte din lucrarea Sa preoțească.[5] Ignatius din Antiohia (care se poate să se fi născut în jurul anului 35 d.Hr.) afirmă că diaconilor „le-a fost încredințată lucrarea lui Isus Hristos de slujire".[6]

Prin grija pentru cei năpăstuiți, diaconii acționează ca mâinile și picioarele lui Hristos în beneficiul unei lumi care are nevoie de atingerea Lui. În timp ce identifică și împlinesc nevoi practice, diaconii Îl reflectă pe Mântuitorul care a luat inițiativa supremă de a ne împlini cea mai profundă nevoie. Și acționând ca „atenuatori de șocuri", care protejează și promovează unitatea bisericii, diaconii fac o slujire plăcută înaintea Aceluia care s-a rugat pentru unitate (Ioan 17:21-22) și care Și-a vărsat sângele ca să o procure (Efes. 2:11-22).

Nu este de mirare că Pavel poate prezenta condensat întruparea spunând simplu că „Hristos a fost... un slujitor [*diakonos*]" (Rom. 15:8). În altă parte, el detaliază acest aspect, în unul dintre cele mai uluitoare pasaje ale Scripturii:

---

[5] William Boekestein și Daniel R. Hyde, *A Well-Ordered Church: Laying a Foundation for a Vibrant Church* (Darlington, UK: Evangelical Press, 2015), p. 49, 45. Asemănările dintre slujirea preoțească din Vechiul Testament și cea a diaconului din Noul Testament sunt analizate în Daniel R. Hyde, "Rulers and Servants: The Nature of and Qualifications for the Offices of Elder and Deacon", în *Called to Serve: Essays for Elders and Deacons*, ed. Michael Brown (Middleville, MI: Reformed Fellowship, 2006), p. 6-10.

[6] Ignatius of Antioch, *Epistle to the Magnesians* 6.1.

CAPITOLUL 6. FRUMUSEȚEA

> Nu faceți nimic din duh de ceartă sau din slavă deșartă; ci în smerenie fiecare să îl privească pe altul mai pe sus de el însuși. Fiecare din voi să se uite nu la foloasele lui, ci și la foloasele altora. Să aveți în voi gândul acesta, care era și în Hristos Isus: El, măcar că avea chipul lui Dumnezeu, totuși n-a crezut ca un lucru de apucat să fie deopotrivă cu Dumnezeu, ci S-a dezbrăcat pe sine însuși și a luat un chip de rob, făcându-Se asemenea oamenilor. La înfățișare a fost găsit ca un om, S-a smerit și S-a făcut ascultător până la moarte, și încă moarte de cruce. De aceea și Dumnezeu L-a înălțat nespus de mult, și I-a dat Numele care este mai pe sus de orice nume; pentru ca, în Numele lui Isus, să se plece orice genunchi al celor din ceruri, de pe pământ și de sub pământ, și orice limbă să mărturisească, spre slava lui Dumnezeu Tatăl, că Isus Hristos este Domnul (Fil. 2:3-11).

Diferite religii din istorie au recunoscut valoarea smereniei, dar niciuna nu a îndrăznit să vorbească despre un Dumnezeu smerit. Ideea de smerenie aplicată unei zeități este considerată o confuzie. De aceea, afirmația că Dumnezeul Bibliei – nu un membru al unui panteon, nu o opțiune dintr-un meniu de zeități, ci singurul Creator a tot ce există – că *El* S-a smerit ca să le slujească ființelor create de El, și asta până la tortura pe cruce, nu este doar o idee uluitoare, ci una scandaloasă.

Dar exact asta s-a petrecut. Filipeni 2 răsună de veste că, deși Dumnezeu Fiul avea *totul* – închinarea îngerilor, dragostea infinită a Tatălui și a Duhului – El totuși a venit la noi. De la splendoarea Cerului până la sărăcia unui staul. Într-o noapte solitară, într-un sat neînsemnat numit Betleem, El a început călătoria ascultării de Tatăl Său – o călătorie care avea să culmineze după 33 de ani pe un deal dinafara Ierusalimului, unde a suferit pe o cruce romană pentru rebeli ca noi. Dar ce L-a mânat în aceasta? *Dragostea de nedescris.* Cu adevărat „nu este mai mare dragoste decât să-și dea cineva viața pentru prietenii săi" (Ioan 15:13). Nu există niciun exemplu de slujire jertfitoare de sine ca a Aceluia care a lăsat Cerul, unde putea să rămână, și care a stat pe cruce când ar fi putut să o evite.

De aceea, tu, cel care ești diacon, ridică-ți privirea de la lucrurile pământești și îndreapt-o către Mesia. Privește-L atingând mâini necurate, spălând picioare murdare, slujindu-le unor păcătoși nerecunoscători și, în final, dându-Și viața pentru cei pe care îi iubește. Întreaga formă a slujirii diaconale își găsește modelul și misiunea în viața Mântuitorului tău.

Dacă ești diacon, slujirea ta are o dată când se va încheia, dar statutul tău de slujitor al Regelui nu va avea sfârșit. De ce să se sfârșească? Viața pusă în slujba Lui este libertate perfectă. Rolul tău curent ca diacon este doar un antrenament pentru un viitor veșnic în care Îi vei vedea fața în veci de veci, alături de toți slujitorii Lui:

> Nu va mai fi nimic vrednic de blestem acolo. Scaunul de domnie al lui Dumnezeu și al Mielului vor fi în ea.

Robii Lui Îi vor sluji (Apoc. 22:3; cf. v. 6).

Fie ca Isus, *diakonos* cel suprem, să Se întoarcă în curând în glorie! Cântările lui Isaia au fost împlinite, dar ele se vor repeta în curând.

ÎNCHEIERE
Diaconii fac diferența

În multe aspecte, societatea modernă occidentală este un experiment de inversare a virtuților. Fostele virtuți sunt considerate tot mai mult ca vicii, iar viciile din trecut sunt considerate virtuți. Desigur, unele schimbări ne-au adus un bine imens, pentru că grupuri asuprite și dezavantajate în istorie (de exemplu femeile sau afro-americanii) au primit drepturile ce le fuseseră refuzate multă vreme. Slavă Domnului!

Dar nu orice schimbare în societate a fost pozitivă. Să luăm exemplul lepădării de sine. În multe societăți tradiționale, aceasta este tratată în general ca o virtute: îți înfrânezi dorințele spre binele familiei, națiunii sau clasei tale sociale (cei „inferiori" ție, așa cum am văzut în cazul lui Platon, sunt o poveste diferită). Totuși, în prezent, ideea de a-ți înfrâna dorințele spre beneficiul *oricui* (chiar și al familiei sau prietenilor) este ceva considerat deseori în Occident ca naiv sau înapoiat, poate chiar o erezie culturală. „Să fii tu însuți" nu mai înseamnă să fii egoist, ci să se simți bine. Am ajuns să constatăm că nu este ușor să te lepezi de tine însuți și să fii în același timp tu însuți.

Ce are de-a face cu diaconii această mini-analiză a momentului nostru cultural? Totul – pentru că lucrarea lor este, în esența ei, slujire cu lepădare de sine spre binele altora. Pe când lumea strigă, „afirmă-te", diaconii evlavioși caută modalități de a se lepăda de ei înșiși. Pe când lumea îndeamnă, „slujește-te pe tine însuți", diaconii sunt preocupați să identifice căi prin care să le slujească altora. Iar când lumea omniprezentă a mediilor de socializare te încurajează să „te promovezi pe tine însuți", diaconii îi pun în prim-plan pe alții, ca aceștia să iasă câștigători, și fac asta fără zgomot. Nu înseamnă de aici că societățile tradiționale ar fi fost mai curate moral înainte ca individualismul expresiv să apară și să distrugă totul, dar nicio societate din istorie nu a făcut mai mult decât a noastră în direcția încurajării eului și a implantării unei gândiri atât de contrare esenței lucrării diaconale.

Slujirea cu lepădare de sine a fost întotdeauna provocatoare. A fost ea oare vreodată atât de contrară societății?

SLUJITORUL SETH

În capitolul 1 ne-am întâlnit cu mai mulți diaconi stereotipici: Petru, păstorul în curs de echipare; Terrance, priceputul la toate; Sam, foaia de calcul; Cliff, corporatistul; Vinnie, veto-ul; și Steve, pseudo-prezbiterul.

Este momentul să întâlnești încă unul.

Cred că deja ai făcut cunoștință cu el, pentru că Seth,

slujitorul, este persoana despre care am tot vorbit în această carte. El nu vânează o slujire, un titlu sau un loc în văzul celorlalți. În fapt, el știe că a face fapte „ca să fie văzut de oameni" este ceea ce îi caracterizează pe *potrivnicii* Mântuitorului lui (Matei 23:5). Seth a interiorizat natura adevăratei mărețîi, care este cu totul pe dos față de cea a lumii, lucru descris de Isus însuși:

> Cel mai mare dintre voi să fie slujitorul [*diakonos*] vostru. Oricine se va înălța, va fi smerit; și oricine se va smeri, va fi înălțat (Matei 23:11-12).

Pe scurt, Seth înțelege acest lucru astfel: așa cum a notat un lider în slujire, un diacon care se așază mai presus de oameni este sub demnitatea slujirii.[1]

Nu mă înțelegeți greșit. Seth nu este perfect, dar el se roagă și crește în smerenie. El nu este cel mai deștept din biserică, dar este gata oricând să învețe. El nu este cel mai experimentat, dar este respectat ca urmare a felului în care îi tratează pe oameni. Seth nu este un simplu executant, dar nu este nici un critic auto-desemnat al păstorilor. El nu crede că este treaba lui – dar a oricărui creștin – să se uite cu suspiciune înspre liderii evlavioși. Lui Seth îi place să se ascundă în peisaj, nu dintr-o falsă modestie, ci pentru că îi pasă de ce se întâmplă în acel peisaj din biserică: gloria lui Isus Hristos. Și el știe că strălucirea gloriei lui Hristos va fi eclipsată dacă păstorii sunt mereu distrași

---

[1] Tony Wolfe, corespondență personală, 2 aprilie 2020.

de la lucrarea lor din cauza problemelor administrative. Seth se bucură să faciliteze lucrarea și să rezolve aspectele logistice astfel încât prezbiterii să își poată concentra energia pe cârmuirea și păstorirea congregației prin lucrarea Cuvântului și prin rugăciune. Mai mult, el este motivat de dragoste! El întruchipează cuvintele lui Pavel: „Căci dragostea lui Hristos ne [con]strânge... cei ce trăiesc, să nu mai trăiască pentru ei înșiși, ci pentru Cel ce a murit și a înviat pentru ei" (2 Cor. 5:14-15).

N-ar fi Seth un diacon ideal? Da, pentru că el este un credincios matur, care crește spiritual. Este el cunoscut în biserică pentru caracterul, smerenia și sârguința lui de a sluji creativ și în liniște? Verificați, verificați și verificați aceste lucruri.

DARUL DIACONILOR

Diaconii credincioși ar trebui să poată vedea amprentele lor în fiecare predică rostită de la amvon. *Păstorul nostru n-ar fi putut face asta, sau n-ar fi fost nici pe departe atât de eficient, dacă eu n-aș fi slujit astfel.*

Diaconii credincioși ar trebui să vadă amprentele lor în unitatea din congregațiile lor, unitate pentru care Isus S-a rugat (Ioan 17:22). *Astăzi există frați și surori în această biserică, oameni credincioși care trăiesc împreună în dragoste și armonie, lucruri care altfel nu ar exista.*

Diaconii credincioși ar trebui să vadă amprentele lor

în binele tuturor celor din turma lui Hristos și în mărturia globală a bisericii. *Deoarece am văzut acea nevoie și m-am mobilizat să o împlinesc, prezbiterii au fost liberi să se concentreze pe păstorirea sufletelor nemuritoare. Deoarece am strâns acei voluntari, păstorul nostru nu a fost nevoit să își petreacă sâmbăta făcând asta. Deoarece am apelat la înțelepciunea colectivă a prezbiterilor în acea problemă complicată, un tânăr diacon a învățat valoarea respectului și a smereniei. Deoarece l-am iubit pe acel sfânt bătrân în suferința lui, el a fost ridicat din starea de disperare și făcut mai dornic să vadă fața lui Hristos. Deoarece am stins acel conflict, Evanghelia a înaintat în putere.*

Nu știu de ce ai deschis această carte ca să o citești, dar știu acest lucru: diaconii sunt ideea lui Dumnezeu. El îi iubește pe diaconi, și vrea ca și noi să îi iubim. Dar dacă vrem să avem o dragoste autentică față de această slujire, trebuie să înțelegem viziunea glorioasă a Bibliei pentru ea. Nu, nu ar trebui să îi tratăm pe diaconi ca pe un comitet executiv de pseudo-prezbiteri. Aceasta este o lucrare de slujire, nu de cârmuire. Dar nici să nu reducem rolul la niște simpli oameni de afaceri pricepuți sau la cel de meșteri pricepuți la toate. Diaconii sunt mult mai mult de atât. Ei sunt o cavalerie de slujitori cu influență, chemați de Regele Isus și desemnați de biserica lui să identifice și să împlinească nevoi concrete. Să protejeze și să promoveze unitatea bisericii. Să încurajeze lucrarea prezbiterilor. Și, făcând toate acestea, să accelereze misiunea bisericii.

Diaconii fac muncă fizică dar cu efect spiritual, și muncă invizibilă cu efecte palpabile. Chemarea lor este nobilă. Slujirea lor este necesară. Iar răsplătirea lor este aproape (1 Tim. 3:13).

Anexa 1

POT SLUJI FEMEILE ÎN LUCRAREA DIACONALĂ?

Dacă ai deschis cartea pentru prima dată aici, înainte de a citi restul cărții, să-ți fie rușine! Întoarce-te la cuprins și mai încearcă odată.

Glumesc, desigur. Este nu doar ușor de înțeles că o astfel de întrebare atrage atenția, ci chiar inevitabil. Într-un fel sau altul, fiecare biserică în care se dorește să existe diaconi ajunge la o concluzie dacă Hristos cheamă sau nu și femei la această slujire.

Uneori, acea decizie este și oficializată într-un statut al bisericii sau într-un document al denominației; alteori, lucrurile sunt mai puțin oficiale, făcându-se totul mai degrabă ca urmare a tradiției. În orice caz, alegerea trebuie să fie făcută: Este slujirea de diacon din biserica ta deschisă și pentru femei?

Țelul meu prin această anexă este cel de a vă oferi ceea ce eu cred că sunt cele mai bune argumente de ambele părți, lăsându-te să decizi care este cel mai convingător. (Fac o mențiune de la bun început: eu cred că *este* biblic să avem diaconițe. Observați comentariile mele din cele două paragrafe de încheiere din această anexă.)

ARGUMENTE CONTRA IDEII DE DIACONIȚE

Uneori, cei convinși că Scriptura limitează lucrarea diaconală la bărbații care se califică biblic sunt acuzați că nu prețuiesc slujirea făcută de femei. Dar această concluzie nu rezultă obligatoriu din premisă. Femeile pot realmente să fie roditoare în biserici care nu au diaconițe. Slujirea lor poate fi prețuită, darurile lor pot fi celebrate, contribuția lor poate fi încurajată și lucrarea lor poate fi susținută.

Dar sigur că unele biserici limitează slujirea diaconală la bărbați având gândirea că lucrarea femeilor ar fi inferioară. *Dați-vă la o parte și lăsați lucrarea adevărată pe mâinile noastre!* Dar existența „șovinismului legat de slujire" în unele dintre bisericile de acest fel nu înseamnă că el infectează fiecare biserică unde diaconi pot fi doar bărbați. Este adevărat, o biserică poate avea motive patetice pentru limitarea slujirii diaconale doar la bărbați, dar dacă motivele altei biserici sunt diferite? Dacă motivele altora sunt lucruri bine gândite? Nu încape îndoială că o mulțime de biserici *fără* diaconițe le încurajează și le echipează pe femei mai bine decât alte biserici care, tehnic vorbind, au diaconițe, dar care, când vine vorba de „lucrarea reală" de teologie și slujire, continuă să le țină la distanță pe femei.

Acestea fiind spuse, iată argumentele în favoarea limitării lucrării diaconale la bărbații care se califică.

1. Biserica din Ierusalim a ales doar bărbați

Așa cum am văzut în capitolul 2, Luca prezintă clar cerințele calificative pentru cei șapte care au fost desemnați să slujească în biserica din Ierusalim:

> Cei doisprezece au adunat mulțimea ucenicilor și au zis: „Nu este potrivit pentru noi să lăsăm Cuvântul lui Dumnezeu ca să slujim la mese. De aceea, fraților, alegeți dintre voi șapte bărbați vorbiți de bine, plini de Duhul Sfânt și înțelepciune, pe care îi vom pune la slujba aceasta" (F.A. 6:2-3).

Aici nu se menționează „șapte femei", nici „câțiva bărbați și câteva femei", ci șapte *bărbați*.

Este adevărat însă că, tehnic vorbind, Faptele Apostolilor 6 nu prezintă slujirea de diacon, dar cu siguranță că pasajul acesta deschide modelul care ajunge în curând să caracterizeze această calitate în biserica locală (cf. Fil. 1:1). Pe lângă asta, nu este ca și cum ezităm să extragem din această circumstanță principii legate de diaconi. Eu însumi am propus mai multe astfel de principii în capitolul 2: „lucrarea Cuvântului" are prioritate, congregația este implicată, caracterul este definitoriu, munca este împărțită, cei șapte rezolvă o problemă și, astfel, ocrotesc unitatea bisericii, și așa mai departe.

De aceea, pare arbitrar să omitem acest principiu din aplicațiile noastre, anume că diaconii de azi, asemenea celor șapte care i-au precedat, ar trebui să fie doar bărbați.

2. Pavel s-a referit la soțiile diaconilor, nu la diaconițe

În lista cerințelor calificative pentru diaconi, Pavel include patru cerințe ce trebuie îndeplinite de soțiile lor:

> Diaconii, de asemenea, trebuie să fie cinstiți, nu cu două fețe, nu băutori de mult vin, nu doritori de câștig mârșav: ci să păstreze taina credinței într-un cuget curat. Trebuie cercetați întâi, și numai dacă sunt fără prihană, să fie diaconi. Femeile [*gynaikas*], de asemenea, trebuie să fie cinstite, neclevetitoare, cumpătate, credincioase în toate lucrurile. Diaconii să fie bărbați ai unei singure neveste, și să știe să-și cârmuiască bine copiii și casele lor. Pentru că cei ce slujesc bine ca diaconi, dobândesc un loc de cinste și o mare îndrăzneală în credința care este în Hristos Isus (1 Tim. 3:8-13).

Este adevărat că termenul din greacă de la începutul versetului 11, tradus aici ca „femeile" (*gynaikas*), poate fi tradus și ca „nevestele". Dar în șirul ideii acestei părți se face cel mai probabil o referire la soțiile diaconilor, din mai multe motive.

În primul rând, în contextul imediat din capitolul 3, termenul este tradus de două ori prin „neveste", nu „femei" (v. 2, 12). Astfel, modalitatea naturală de a citi singura altă apariție a termenului în acest capitol, cea din versetul 11, este să o înțelegem ca făcând referire la „neveste".

În al doilea rând, dacă Pavel se referă la *diaconițe*,

atunci de ce nu le atribuie acel titlu, așa cum a făcut anterior atât în cazul prezbiterilor (v. 1) cât și al diaconilor (v. 8)? De ce să folosească termenul ambiguu (*gynaikas*, „neveste" sau „femei") în loc să folosească o desemnare mai specifică, precum *diakonous*, cu un articol la genul feminin – fie ca *tas diakonous* („diaconi femei") sau *gynaikas diakonous* („femei diaconi/diaconițe")?

În al treilea rând, Pavel stipulează standardele legate de căsnicie atât pentru prezbiteri (v. 2) cât și pentru bărbații diaconi (v. 12); de ce nu a spus care sunt cerințele și pentru aceste femei, dacă și ele pot fi diaconi? De asemenea, el omite orice cerință de cercetare a acestor persoane, spre deosebire de situația prezbiterilor (v. 6; cf. 5:22) și a diaconilor (v. 10).

În al patrulea rând, este dificil să ne imaginăm de ce Pavel ar discuta despre diaconi bărbați (v. 8-10), apoi de diaconițe (v. 11), după care să se întoarcă la diaconii bărbați (v. 12). Dacă el își îndrepta cu adevărat atenția de la diaconii bărbați la diaconițe, de ce să se întoarcă dintr-o dată la diaconii bărbați în următorul verset? Este mai bine să concluzionăm că Pavel vorbește peste tot despre diaconi bărbați, și că aici se referă la viața de familie a diaconilor din două unghiuri: caracterul soției lui (v. 11) și caracterul lui ca soț și tată (v. 12).

În ultimul rând, având în vedere natura responsabilității diaconale, pare logic ca Pavel să includă unele cerințe calificative pentru soțiile lor. Așa cum explică Guy

Waters, „în lumina aspectelor sensibile ale lucrării diaconilor și în lumina faptului că soțiile lor pot fi chemate să își ajute soții – în particular în tratarea nevoilor femeilor din biserică – putem înțelege de ce Pavel pare să fi dorit ca biserica să fie mulțumită cu caracterul unui candidat *și* al soției lui, atunci când ei sunt evaluați pentru a vedea dacă el este potrivit pentru lucrarea diaconală".[1]

3. Fivi era o slujitoare, nu diaconiță

În Romani 16, saluturile personale ale lui Pavel încep cu laude la adresa lui Fivi:

> Vă dau în grijă pe Fivi, sora noastră, care este diaconiță *[slujitoare,* în alte traduceri, *diakonos]* a Bisericii din Chencrea; s-o primiți în Domnul într-un chip vrednic de sfinți și s-o ajutați în orice ar avea trebuință de voi; căci și ea s-a arătat de ajutor multora și îndeosebi mie (Rom. 16:1-2).

Deși termenul folosit aici este într-adevăr *diakonos,* știm din restul Noului Testament că acest cuvânt este folosit aproape întotdeauna într-un fel neoficial, făcând referire la o persoană pe care azi am descrie-o ca „orientată spre slujire" sau „cu inimă de slujire". Și pasajul de față nu este o excepție. Iar dacă folosirea termenului de aici are vreun sens tehnic, el face mai degrabă referire la un „curier" sau

---

[1] Guy Waters, "Does the Bible Support Female Deacons? No" (The Gospel Coalition. Articol disponibil la www.tgc.org/article/bible-support-female-deacons-no [subl. orig.]).

„trimis" decât la un „diacon".² Altfel spus, se poate ca Fivi să fi fost un fel de curier desemnat de Biserica din Chenrea, o slujire foarte diferită de lucrarea oficială de diacon. Mai mult, ar fi ceva greșit să extragem vreun sens din finalul la masculin al termenului, întrucât forma feminină (*diakonissa*) nu a fost încă folosită.

În concluzie, nimic din contextul din Romani 16 nu ne cere ca să o vedem pe Fivi ca mai mult decât o slujitoare dedicată și vrednică de laudă, care a fost trimisă, probabil cu ceva treburi oficiale, de către biserica din Chencrea.

4. Lucrarea diaconală presupune o anumită măsură de autoritate

Cerințele calificative pentru diaconi enumerate în 1 Timotei 3 vin imediat după o interdicție de gen:

> Femeia să învețe în tăcere, cu toată supunerea. Femeii nu-i dau voie să-i învețe pe alții, nici să se ridice mai pe sus de bărbat, ci să stea în tăcere. Căci întâi a fost întocmit Adam, și apoi Eva. Și nu Adam a fost amăgit; ci femeia, fiind amăgită, s-a făcut vinovată de călcarea poruncii. Totuși ea va fi mântuită prin nașterea de fii, dacă stăruiesc cu smerenie în credință, în dragoste și în sfințenie (1 Tim. 2:11-15).

Deși nu încape îndoială că vor exista mereu discuții între credincioși pe tema aplicațiilor acestui pasaj, dintr-o

---

[2] Clarence D. Agan III, "Deacons, Deaconesses, and Denominational Discussions: Romans 16:1 as a Test Case," *Presbyterion: Covenant Seminary Review* 34/2 (Fall 2008): p. 105–08.

perspectivă complementarianistă, este clar că femeile nu pot exercita autoritate spirituală oficială asupra bărbaților din biserică, astfel că ele nu pot sluji ca prezbiteri. Așa cum ne arată clar restul epistolei, prezbiterii se deosebesc de diaconi prin chemarea lor unică de a da învățătură și de a cârmui întreaga biserică (3:2; 5:17), sarcini care corespund precis acestor două interdicții specifice pentru femei: „să învețe" [cu sensul de a da învățătură, n.tr.] și „să se ridice mai pe sus" [cu sensul de exercitare a autorității, n.tr.] (2:12).

În concluzie, *interdicțiile* (1 Tim. 2:12) ar trebui să ne modeleze felul în care citim *cerințele calificative* (3:11) astfel încât, oricum am aplica pasajul ulterior, nu putem practic să îl subminăm pe cel de dinaintea lui. Dar este dificil să evităm acest lucru, dacă nu chiar imposibil, pentru că influența reală și conducerea, ca și, da, o anumită măsură de autoritate îi vor fi date în mod natural unui diacon abil. De asemenea, probabil că merită observat că un diacon trebuie să-și „cârmuiască" (*proistamenoi*) bine familia (v. 12). Ar putea acest lucru să sugereze că, asemenea lucrării prezbiterilor (v. 4-5), slujirea diaconală implică funcțiuni care ar trebui să ilustreze ca ecouri conducerea exercitată de acea persoană în propria familie?

De aceea, a deschide lucrarea diaconală față de femei este nu doar un lucru nebiblic, ci și neînțelept, pentru că este inevitabil ca ele să primească un nivel de autoritate practică pe care Scriptura nu ne permite să le fie dat femeilor.³

ARGUMENTE ÎN FAVOAREA DIACONIȚELOR

Îndreptându-ne acum către argumentele în *favoarea* desemnării femeilor in poziții diaconale, este potrivit să fac o precizare importantă: argumentația mea pleacă de la prezumția că diaconii din bisericile voastre acționează ca diaconi, nu ca prezbiteri. Dacă diaconii voștri acționează în esență ca un comitet de conducere de tipul prezbiterilor, atunci este cel mai bine să continuați să limitați pentru o vreme slujirea diaconală la bărbați. Prima voastră temă este să studiați și să adoptați ceea ce spune Cuvântul lui Dumnezeu nu despre *diaconițe*, ci despre diaconi în general. (Și dacă ați ajuns până aici în lectura cărții, dar nu aveți ideea despre ce vorbesc, înseamnă că am eșuat lamentabil!)

Acum că am făcut această precizare, iată care sunt câteva argumente în favoarea deschiderii lucrării diaconale către femei care se califică să o facă.

1. Scriptura nu le interzice nicăieri femeilor să slujească în calitate de diaconițe

Am văzut deja interdicția lui Pavel legată de slujirea și funcțiunea prezbiterului: „Femeii nu-i dau voie să îi învețe pe alții, nici să se ridice mai pe sus de bărbat" (1 Tim.

---

[3] Ca reprezentanți oficiali sau asistenți ai prezbiterilor, susține Alexander Strauch, diaconii „au autoritate de conducere asupra bărbaților și a femeilor din congregație" (Alexander Strauch, "Does the Bible Allow for Women Deacons? No, Says Alex Strauch [with a Response from Tom Schreiner]," *9Marks Journal*, December 2019).

2:12). Numai prezbiterii sunt însărcinați cu învățătura și cârmuirea spirituală a întregii biserici. Evident, diaconii vor trebui să ia decizii despre resurse, să îi cheme pe alții să vină în ajutorul lor și, în general, să gestioneze nevoile tangibile, după cum sugerează clar chemarea celor șapte de a coordona distribuția alimentelor (F.A. 6:1-7).

Dar, spre deosebire de prezbiteri, diaconii nu au sarcina de păstorire a întregii turme (F.A. 20:28; 1 Petru 5:2). Spre deosebire de prezbiteri, diaconii nu trebuie să fie gata să „să sfătuiască în învățătura sănătoasă și să îi înfrunte pe potrivnici" (Tit 1:9). Spre deosebire de prezbiteri, diaconii nu vor da socoteală înaintea lui Dumnezeu pentru binele spiritual al sufletelor oamenilor (Evrei 13:17). Nu citim niciodată vreun verset de genul „fiți supuși diaconilor" (cf. 1 Petru 5:5), nici „ascultați de mai marii voștri, și fiți-le supuși" (cf. Evrei 13:17), căci o astfel de exprimare se aplică exclusiv slujirii prezbiterilor.

Pe scurt, nu există niciun echivalent al versetului 1 Timotei 2:12 pentru diaconi, pentru că slujirea lor nu este una de autoritate spirituală, motiv pentru care este natural deschisă și femeilor care se califică. De ce să interzicem noi ceea ce Biblia nu interzice?

2. Pavel s-a referit la diaconițe, nu la soțiile diaconilor

Haideți să ne întoarcem la cerințele calificative din 1 Timotei 3:

Diaconii, de asemenea, trebuie să fie cinstiți, nu cu

două fețe, nu băutori de mult vin, nu doritori de câștig mârșav: ci să păstreze taina credinței într-un cuget curat. Trebuie cercetați întâi, și numai dacă sunt fără prihană, să fie diaconi. Femeile [*gynaikas*], de asemenea, trebuie să fie cinstite, neclevetitoare, cumpătate, credincioase în toate lucrurile. Diaconii să fie bărbați ai unei singure neveste, și să știe să-și cârmuiască bine copiii și casele lor. Pentru că cei ce slujesc bine ca diaconi, dobândesc un loc de cinste și o mare îndrăzneală în credința care este în Hristos Isus (1 Tim. 3:8-13).

Din nou, *gynaikas* (v. 11) poate avea sensul de „soții" sau „femei", traducerea depinzând de context. Iar versetul 11 este tradus cel mai bine prin „femei" – ca și cum ar vorbi despre diaconi femei – din mai multe motive.

În primul rând, Pavel folosește termenul *gynaikas* de alte 8 ori în 1 Timotei – toate fiind, este drept, cel mai bine traduse prin „femei", nu „soții". Primele cinci exemple (2:9, 10, 11, 12, 14) nu prezintă probleme de interpretare. Dar cum rămâne cu cele două din contextul imediat din 3:11?

- 3:2: „bărbatul unei singure neveste" (*mias gynaikos andra*)
- 3:12: „bărbați ai unei singure neveste" (*mias gynaikos andres*)

La prima vedere, această traducere („nevastă") poate părea singura opțiune rezonabilă. Dar dacă ar fi să redăm pasajul literal, expresiile ar fi „bărbatul unei singure femei" (3:2) și „bărbați ai unei singure femei" (3:12). Nimic din această cerință calificativă nu *necesită* traducerea ca „nevastă"; în fapt, focalizarea ceva mai generală pe ideea de „femeie" ne ajută acoperind mai mult decât candidații la lucrarea diaconală, cum ar fi bărbații necăsătoriți sau cei rămași văduvi. Ideea este că fidelitatea bărbatului – în relație cu alte femei decât propria soție – este cunoscută de mulți și nu lasă semne de întrebare.[4] În acest aspect merită observat de asemenea că, dintre cele 9 utilizări ale termenului *gynaikas* din 1 Timotei, doar una are exact aceeași structură ca în 3:11:

- „de asemenea... femeile..." (2:9)
- „Femeile, de asemenea..." (3:11)

Și deoarece prima (2:9) face clar referire la femei, nu la soții, ar trebui să considerăm că îi auzim ecoul ulterior (3:11) în același fel.

În al doilea rând, pronumele posesiv „lor" – ca și cum în v. 11 ar spune „nevestele lor" – nu se găsește în text. El este introdus uneori pentru a susține traducerea prin termenul „neveste", dar în original, acest pronume nu există. Pavel putea foarte bine să introducă elementul clarificator – să zicem prin termenul „lor" (*autōn*) sau „ale lor" (*idiōn*) – pentru a specifica foarte clar focalizarea pe soțiile diaconilor, dar el nu a făcut acest lucru.[5] Aceasta ne

---

[4] Thabiti Anyabwile ne oferă mai multe întrebări și observații utile pentru evaluarea candidaților necăsătoriți sau căsătoriți. V. cap. 10, "A One-Woman Man" din *Finding Faithful Elders and Deacons* (Wheaton, IL: Crossway, 2012), p. 61-65.

[5] „Dacă sensul ar fi de *soțiile diaconilor* sau ale clerului... ar fi natural să fi fost

sugerează că folosirea simplă a termenului *gynaikas*, fără pronume, înseamnă că le-a avut în vedere și pe diaconițe.

În al treilea rând, haideți să luăm în considerare structura gramatică a paragrafului:

- v. 8: „Diaconii, de asemenea, trebuie să fie cinstiți..." (urmat de trei cerințe calificative)
- v. 11: „Femeile/nevestele, de asemenea, trebuie să fie cinstite..." (urmat de trei cerințe calificative).

Aceste versete sunt modelate într-o paralelă perfectă, fiecare folosind expresia „de asemenea", urmată de „cinstit", după care de trei cerințe calificative. Această folosire a expresiei „de asemenea" (sau „în același fel"), repetând expresia din versetul 8, sugerează că Pavel încă discută despre diaconi. Femeile slujesc la fel cum slujesc bărbații.

În al patrulea rând, chiar mai important este felul în care aceste versete funcționează de o manieră identică – și, de aceea, ele trebuie înțelese împreună – în relație cu unul mai de dinainte:

- v. 2: „Trebuie ca episcopul să fie..."
- v. 8: „Diaconii, de asemenea, trebuie să fie..."

---

exprimat acest lucru direct, fără ambiguitate, de exemplu prin adăugarea lui [*autōn*]." Posesivul nu este implicit și nu este nici prezent (citat din Newport J. D. White, *The First and Second Epistles to Timothy and the Epistle to Titus*, in The Expositor's Greek Testament, vol. 4 [1897; repr., Grand Rapids, MI: Eerdmans, 1956], p. 116. V. și Jennifer H. Stiefel, "Women Deacons in 1 Timothy: A Linguistic and Literary Look at 'Women Likewise...' (1 Tim. 3:11)", *New Testament Studies* 41/3 [July 1995]: p. 442–57).

- v. 11: „Femeile/nevestele, de asemenea, trebuie să fie..."

Această imagine de ansamblu asupra întregului pasaj ne sugerează că femeile la care se face referire în v. 11 nu se deosebesc fundamental de *diaconi*, ci de *prezbiteri*. Pavel tratează împreună femeile și diaconii aici, ca o singură slujire, într-o relație de paralelism cu cealaltă slujire, a prezbiterilor.

În al cincilea rând, cum rămâne cu obiecția cunoscută că ideea de diaconițe din versetul 11 ar însemna o forțare lingvistică? Iată o întrebare bună: de ce *să discute* Pavel despre diaconi (v. 8-10), după care să treacă la diaconițe (v. 11), și apoi să se întoarcă (lucru clar) la diaconii bărbați (v. 12)? Mi se pare încețoșat chiar și să scriu această întrebare!

Răspunsul este, de fapt, destul de simplu: Pavel „sprijină" paragraful pe afirmațiile generale aplicabile tuturor diaconilor (v. 8-10 și v. 13), în interiorul căruia se adresează, cu o specificitate scurtă, atât diaconițelor (v. 11), cât și diaconilor (v. 12).

Identificarea acestor elemente de structură a textului ne ajută la cristalizarea șirului ideii:

- cerințele pentru prezbiteri (v. 1-7)
- cerințele calificative generale pentru diaconi (v. 8-10)
- cerințele calificative specifice pentru diaconițe

(v. 11)[6]
- cerințele calificative specifice pentru diaconii bărbați (v. 12)
- sumarul pentru toți diaconii (v. 13).

În al șaselea rând, trăsăturile de caracter cerute de la aceste femei sunt cerute și de la prezbiteri și de la diaconii bărbați – ceea ce are logică dacă se are în vedere o slujire oficială. Femeile trebuie să fie „cumpătate" la fel ca prezbiterii (v. 2) și „cinstite" la fel ca diaconii (v. 8). În context, aceste cerințe calificative vorbesc despre o responsabilitate oficială.

În final, de ce să enumere Pavel cerințele calificative pentru soțiile diaconilor, dar nu și pentru soțiile prezbiterilor? Nu este ca și cum aceste două liste – una pentru prezbiteri și una pentru diaconi – s-ar găsi în cărți diferite din Biblie, unde discrepanța ar putea fi naturală.

Listele de cerințe nu se găsesc nici măcar în capitole diferite din Biblie; ele sunt puse inseparabil împreună. Nu pare prea logic să concluzionăm că Pavel s-ar fi gândit că soțiile *slujitorilor* bisericii ar trebui să fie cercetate, dar nu *și* soțiile prezbiterilor. Așa cum scria Thomas Schreiner,

---

[6] Thomas Schreiner scrie: „Unii obiectează spunând că nu este posibil ca aici să fie avute în vedere femeile ca slujitoare în lucrarea diaconală, deoarece Pavel se referă la bărbații diaconi în 3:8-10, după care se întoarce la acea temă în 3:12-13. Ei cred că acea inserție despre femei din versetul 11 nu poate să se refere la femei-diacon. Dar argumentul nu este convingător. În oricare dintre cele două perspective, Pavel întrerupe șirul discuției sale!" (Thomas Schreiner, "Does the Bible Support Female Deacons? Yes" [The Gospel Coalition. Articol disponibil pe tgc.org/article/bible-support-female-deacons-yes]).

Se pare că, în acest pasaj, caracterul soțiilor prezbiterilor ar trebui să fie chiar *mai* important decât al soțiilor diaconilor, dar focalizarea nu pe soțiile prezbiterilor, ci pe cele ale diaconilor, este ceva ciudat. Totuși, dacă aici se face referire la diaconițe, avem o explicație elegantă de ce nu sunt menționate soțiile prezbiterilor – nici soțiile diaconilor nu sunt incluse aici. Cu alte cuvinte, Pavel nu se referă deloc la soții, ci la diaconițe.[7]

Din aceste motive, este cel mai corect să concluzionăm din 1 Timotei 3 că femeile pot sluji ca diaconițe.

3. Fivi era diaconiță, nu doar o slujitoare

Așa cum am văzut mai devreme, Pavel își începe salutul către biserica din Roma cu un elogiu specific:

> Vă dau în grijă pe Fivi, sora noastră, care este diaconiță [*diakonos*] a Bisericii din Chencrea; s-o primiți în Domnul, într-un chip vrednic de sfinți, și s-o ajutați în orice ar avea trebuință de voi; căci și ea s-a arătat de ajutor multora și îndeosebi mie (Rom. 16:1-2).

Deși mulți interpretează informal termenul *diakonos* (adică referindu-se la o persoană cu inimă de slujitor), există motive mai bune pentru a crede că acest cuvânt se referă la poziția oficială de diacon.

În primul rând, finalul cuvântului este masculin, nu feminin. Aceasta ar fi fost o modalitate ciudată ca Pavel să

---

[7] Schreiner, "Does the Bible Support Female Deacons? Yes".

se refere la o femeie – desigur, dacă nu cumva el nu descrie caracterul lui Fivi, ci îi identifică slujirea oficială.[8]

În al doilea rând, este semnificativ că Fivi este denumită *diakonos* a unei biserici specifice. Pe parcursul Noului Testament, acest termen este adeseori folosit într-un sens general – și tradus pe bună dreptate ca „slujitor" – întrucât truda persoanei în cauză nu este legată de ceva local, cu atât mai puțin de o biserică anume. Astfel, Pavel este un *diakonos* „al Evangheliei" (Efes. 3:7), Epafra „al lui Hristos" (Col. 1:7), Tihic „în Domnul" (Efes. 6:21), iar Timotei „al lui Hristos Isus" (1 Tim. 4:6). La prima vedere, ar părea că Pavel o pune pe Fivi în aceeași categorie generală de „slujitori", dar acest lucru ignoră faptul că el o descrie ca o *diakonos* „a bisericii din Chencrea", specificând funcțiunea ei ca *diakonos* a acelei biserici.

Această desemnare legată de o biserică anume este chiar mai izbitoare dacă luăm seama la aria de slujire a lui Fivi: ea este membră în biserica din Chencrea; îl ajută pe Pavel în Corint; și foarte posibil va duce epistola în Roma. În ciuda acestei slujiri în biserici dintr-un spațiu mai întins

---

[8] Într-un articol intitulat "Did the Apostles Establish the Office of Deaconess?", istoricul Michael Svigel explică: „De fiecare dată când expresia din greacă ,_____ bisericii' este folosită în Noul Testament și în literatura creștină timpurie (unde ,_____' este o desemnare personală sau un titlu), *desemnarea personală se referă la o slujire, nu doar la o funcțiune generică* (F.A. 20:17; Efes. 5:23; Iacov 5:14; Apoc. 2:1, 8, 12, 18; 3:1, 7, 14; Ignatius, *Trallians* 2.3; *Philadelphians* 5.1; *Polycarp* 1.1; *Shepherd of Hermas*, *Vision* 2.2.6; 2.4.3; 3.9.7; *Martyrdom of Polycarp* 16.2; 19.2). De aceea, dacă Fivi este doar o ,asistentă utilă' bisericii din Chencrea, în Romani 16:1, aceasta ar fi singura dată când acea construcție lingvistică ar fi folosită în acest fel în literatura creștină tipurie". Articol disponibil la http://www.retrochristianity.org/2012/04/14/did-the-apostles-establish-the-office-of-deaconess/.

din Imperiul Roman, Pavel îi leagă statutul de *diakonos* de o singură congregație. De aceea, cea mai naturală concluzie este că „*diakonos* bisericii din Chencrea" nu este o descriere generală, ci un titlu oficial. Există nenumărați slujitori ai bisericii, la modul general, dar Fivi este și oficial o diaconiță a unei biserici *anume*.

În final, în versetul 2, Fivi este denumită și „binefăcătoare" (cf. NIV), indicând că ea i-a susținut cu regularitate pe cei în nevoi, probabil financiar. Această sarcină, ca și slujirea ei ca un curier sau trimis la Roma, s-ar potrivi în mod natural poziției diaconale.

DIACONIȚELE ÎN ISTORIA BISERICII

Prezența femeilor diacon sau diaconițe nu a fost una uniformă în istoria creștinismului, nici chiar ceva comun întotdeauna. Cu toate acestea, ele au existat dintotdeauna în biserică, astfel că practica desemnării lor nu poate fi respinsă ca și cum ar fi doar o tendință recentă. Iată câteva citate din istorie.[9]

Pliniu cel Tânăr, guvernator în Bitinia, Scrisoarea către împăratul Traian (111–113 d.Hr.):

De aceea, am considerat cu atât mai necesar să cercetez care era adevărul legat de torturarea a două femei

---

[9] Mai multe dintre aceste citate pot fi găsite în articolul lui J. A. Medders, "Why Have Women Deacons?" și în schița lui David Schrock, "Getting Our Deacons in a Row: Lessons from Church History (the Early Church)". Ele sunt disponibile la jamedders.com/why-have-women-deacons, respectiv la viaemmaus.files.wordpress.com /2019/06/getting-our-deacons-in-a-row_church-history1_early-church.pdf.

sclave, care erau numite diaconițe. Dar nu am descoperit altceva decât superstiții rele și exagerări.[10]

Clement din Alexandria (150-215 d.Hr.):

Suntem de asemenea în cunoștință de toate lucrurile pe care cinstitul Pavel le-a prescris pe tema diaconițelor într-una dintre cele două epistole către Timotei.[11]

Origen din Alexandria (184-253 d.Hr.):

[Romani 16:1] ne învață... două lucruri: că există... femei diacon în biserică și că femeile care au venit în ajutor față de atât de mulți oameni și care, prin faptele lor bune, merită lăudate de apostol, trebuie acceptate în diaconie.[12]

Olimpia (368-408 d.Hr.):

Olimpia, o diaconiță văduvă a bisericii din Constantinopol, și-a cheltuit uriașa ei avere pentru a deveni susținătoarea generoasă a bisericii. Ea i-a donat bisericii multe dintre averile ei, a susținut lucrările unor lideri ai bisericii precum Ioan Gură de Aur și Grigorie de Nazianz, a răscumpărat persoane exilate, a susținut o comunitate de 250 de fecioare și a îngrijit de săraci.[13]

---

[10] Pliny the Younger, *Letters* 10.96.
[11] Clement, *Commentary on 1 Corinthians 9:5;* Stromata 3, 6, 53.3-4.
[12] Origen, *Commentary on Romans*, 10:17, citat în Roger Gryson, *The Ministry of Women in the Early Church* (Collegeville, MN: Liturgical Press, 1976), p. 136.
[13] Gregg R. Allison, *Historical Theology: An Introduction to Christian Doctrine* (Grand Rapids, MI: Zondervan Academic, 2011), p. 25-26.

Constituțiile Apostolice (380 d.Hr.):

Ordinați de asemenea o diaconiță care este credincioasă și sfântă, spre slujirea femeilor, căci uneori nu putem trimite un diacon bărbat să le slujească femeilor, din cauza celor necredincioși. De aceea, să trimiteți o femeie, o diaconiță, ca să nu le alimenteze imaginațiile celor răi. Căci avem nevoie de o femeie, o diaconiță, pentru multe slujiri.[14]

Diaconii să fie în toate fără pată, așa cum episcopul însuși trebuie să fie, numai implicați mai activ; să fie ordinați câți este nevoie, după mărimea bisericii, ca să le slujească celor neputincioși ca niște lucrători care nu au de ce să le fie rușine. *Iar diaconițele să fie sârguincioase în grija pentru femei;* dar ambii să fie gata să ducă mesaje, să călătorească și să slujească... De aceea, fiecare să își cunoască locul și să se achite cu sârguință de slujire, cu un gând, în acord, știind care este răsplata slujirii lor.[15]

O, Dumnezeule veșnic, Tatăl Domnului nostru Isus Hristos, Creatorul bărbatului și al femeii, care le-ai umplut cu Duhul pe Maria, pe Debora, pe Ana și pe Hulda; care nu ai socotit un lucru de ocară ca singurul Tău Fiu să se nască dintr-o femeie; care a și rânduit femei, atât la cortul mărturiei cât și în templu,

---

[14] Citat în Allison, *Historical Theology*, p. 431.
[15] "Constitutions of the Holy Apostles", în *Fathers of the Third and Fourth Centuries: Lactantius, Venantius, Asterius, Victorinus, Dionysius, Apostolic Teaching and Constitutions, Homily, and Liturgies*, in The Ante-Nicene Fathers, ed. Alexander Roberts, James Donaldson, and A. Cleveland Coxe, trans. James Donaldson, vol. 7 (New York: Christian Literature Company, 1886), p. 432.

ca să fie păzitorii ușilor Tale sfinte – privește acum către această slujitoare a ta, care *urmează să fie ordinată la slujirea de diaconiță*, și dă-i Duhul Tău cel Sfânt, și „curăț-o de toată întinăciunea firii și a duhului", ca să se poată achita în chip vrednic de lucrarea pe care i-ai încredințat-o spre gloria Ta și spre lauda Hristosului Tău, și a Ta, a Lui și a Duhului să fie slava și adorarea în veci. Amin.[16]

Ioan Gură de Aur (349-407 d.Hr.):

Unii au gândit că [1 Tim. 3:11] vorbește în general despre femei, dar nu este așa, căci de ce să introducă [Pavel] vreun lucru despre femei care să interfereze cu tema lui? El vorbește despre cele care au primit rangul de diaconițe.[17]

Ieronim (347-420 d.Hr.):

Totuși, Salvina și-a consacrat viața faptelor de pietate și a devenit una dintre diaconițele lui Ioan Gură de Aur.[18]

Jean Calvin (1509-1564):

---

[16] "Constitutions of the Holy Apostles", p. 492.
[17] John Chrysostom, "Homilies of St. John Chrysostom, Archbishop of Constantinople, on the First Epistle of St. Paul the Apostle to Timothy", în *Saint Chrysostom: Homilies on Galatians, Ephesians, Philippians, Colossians, Thessalonians, Timothy, Titus, and Philemon*, in *A Select Library of the Nicene and Post-Nicene Fathers of the Christian Church*, First Series, ed. Philip Schaff, trans. James Tweed and Philip Schaff, vol. 13 (New York: Christian Literature Company, 1889), p. 441.
[18] Jerome, "The Letters of St. Jerome," in *St. Jerome: Letters and Select Works*, in *A Select Library of the Nicene and Post-Nicene Fathers of the Christian Church*, Second Series, ed. Philip Schaff and Henry Wace, trans. W. H. Fremantle, G. Lewis, and W. G. Martley, vol. 6 (New York: Christian Literature Company, 1893), p. 163.

Diaconițele au fost desemnate nu ca să Îl îmbie pe Dumnezeu prin cântări sau vorbe neînțelese, nici să-și petreacă restul vieții în lenevie, ci să împlinească o lucrare publică a bisericii în beneficiul săracilor și să trudească în slujba de binefacere cu tot zelul, cu toată stăruința și cu toată sârguința.[19]

Charles Spurgeon (1834-1892):

Diaconițele au o slujire care a fost în mod cert recunoscută în bisericile apostolice.[20]

Este un act deosebit al îndurării că Dumnezeu ne dă privilegiul de a avea mulți fii care predică Evanghelia și multe fiice care sunt deosebite în biserică slujind ca învățătoare, diaconițe, misionare și așa mai departe.[21]

O BINECUVÂNTARE BOGATĂ PENTRU BISERICĂ

Așa cum am văzut, există argumente de ambele părți ale acestei discuții. Convingerea mea, după multă cercetare, este că slujirea de diacon, înțeleasă corect din Scriptură, este într-adevăr deschisă și femeilor care se califică. Cred că aceasta face parte din intenția bună a lui Dumnezeu, gândită pentru rodnicia fiecăruia din familia credinței – femei *și* bărbați –, și cred că bisericile care nu acceptă

---

[19] John Calvin, *Institutes of the Christian Religion*, vol. 4, ch. 13, sect. 19, trans. Henry Beveridge (Peabody, MA: Hendrickson, 2008), p. 840.
[20] C. H. Spurgeon, *The Metropolitan Tabernacle Pulpit Sermons*, vol. 13 (London: Passmore & Alabaster, 1867), p. 589.
[21] C. H. Spurgeon, *The Metropolitan Tabernacle Pulpit Sermons*, vol. 51 (London: Passmore & Alabaster, 1905), p. 259.

spre slujire diaconală acele surori care se califică se sărăcesc singure, poate fără să vrea.

Cu toate acestea, eu nu doresc să îi impun nimănui convingerea mea, și cu siguranță că îi respect pe acei mulți credincioși evlavioși care nu sunt de aceeași părere. În timp ce așteptăm acel moment al clarității veșnice, „când va veni ce este desăvârșit, [și] acest ,în parte' se va sfârși" (1 Cor. 13:10), există loc pentru ambele concluzii în Împărăția lui Dumnezeu.

Anexa 2

ÎNTREBĂRI-MODEL PENTRU POTENȚIALII DIACONI

Prezbiterii bisericii noastre le ce potențialilor diaconi să răspundă la întrebările din chestionarul de mai jos.

———

Îți mulțumim foarte mult pentru că ți-ai făcut timp să răspunzi la aceste întrebări! Răspunsurile tale ne vor ajuta mult să ne decidem cine ar trebui să slujească biserica în lucrarea diaconală. Deoarece diaconii fac una dintre cele două „slujiri" din biserică descrise în Scriptură, noi tratăm pozițiile diaconale cu foarte mare seriozitate și vrem ca diaconii să acționeze bine, spre binele bisericii. De aceea, îți mulțumim din nou pentru ajutorul tău în vederea atingerii acestui țel.

1. De cât timp ești creștin? Prezintă, pe scurt, cum ai fost convertit.

2. Dorești să fii diacon?

3. Crezi că ai experiența și abilitățile necesare pentru lucrarea pentru care prezbiterii au luat în considerare desemnarea ta?

4. Dacă ești căsătorit, se crede soția ta despre posibila ta slujire ca diacon?

5. În ce domenii de slujire ai mai fost implicat în viața bisericii?

6. Privind la pasajul din 1 Timotei 3:8-13, crezi să satisfaci cerințele calificative pentru diaconi pe care Pavel le enumeră?

7. Ești vrednici de cinste? Ce crezi că presupune asta?

8. Ai două fețe? Ce crezi că înseamnă asta?

9. Crezi că ești caracterizat de lăcomie?

10. „Păstrezi taina credinței într-un cuget curat"? Cu alte cuvinte, crezi cu sinceritate și cu tărie în Isus Hristos ca Domnul și Mântuitorul tău?

11. Crezi că ai fost testat în viața bisericii? Cum? Care crezi că a fost rezultatul „testului"?

12. Ai tendința de a-i vorbi de rău pe alții, de a-i vorbi de rău pe la spate, de a bârfi?

13. Ești serios, în stare să îți păstrezi cumpătul în situații dificile? Unul dintre rolurile cele mai importante ale diaconilor este „atenuare a șocurilor" în viața bisericii. Poți face bine așa ceva?

14. Ești caracterizat de credincioșie în ceea ce faci? Îți asumi responsabilitatea pentru anumite lucruri și le duci la bun sfârșit la timpul potrivit? Te vezi ca o persoană care amână să-și facă datoria?

15. Dacă ești căsătorit, cum crezi că te descurci în rolul tău de soț/soție? Dar ca tată/mamă?

16. Citește 1 Timotei 3:13. Ce crezi că va însemna în situația ta particulară să „slujești bine ca diacon"? Cum crezi că vei crește în îndrăzneala în credința care este în Hristos Isus prin a sluji bine ca diacon?

17. Folosești aplicații de socializare (Twitter, Facebook, etc.)? Cum crezi că se aplică descrierea diaconului făcută de Pavel la felul în care el ar trebui să fie implicat în mediile de socializare online?

18. Ai citit statutul bisericii noastre? Ai vreo întrebare despre felul în care funcționează biserica noastră? Vei fi bucuros să respecți acel statut, să îl aperi și să îl explici altor membri, dacă va fi nevoie?

 **9Marks**

Building Healthy Churches

ESTE SĂNĂTOASĂ BISERICA TA?

9Marks există pentru echiparea liderilor bisericii cu o viziune biblică și cu resurse practice pentru ilustrarea gloriei lui Dumnezeu înaintea popoarelor, prin biserici sănătoase.

În acest scop, vrem să ajutăm bisericile să crească în practicarea a nouă semne ale sănătății, semne care sunt adesea ignorate:

1. Predicarea expozitivă
2. Învățătura Evangheliei
3. O înțelegere biblică a convertirii și evanghelizării
4. Membralitatea biblică în biserică
5. Disciplina biblică a bisericii
6. O preocupare biblică pentru ucenicizare și creștere spirituală
7. Conducerea biblică a bisericii
8. O înțelegere biblică a practicii rugăciunii
9. O înțelegere biblică a practicii misiunii.

La 9Marks, noi scriem articole, cărți, recenzii și o revistă online. Organizăm conferințe, înregistrăm și difuzăm interviuri și producem alte resurse pentru echiparea bisericilor ca să ilustreze slava lui Dumnezeu.

Vizitează pagina noastră de internet unde poți găsi resurse în peste 40 de limbi de pe glob și abonează-te la revista noastră distribuită gratuit online. Lista complete a tuturor paginilor noastre de internet în alte limbi este următoarea: 9marks.org/about/international-efforts/.

ro.9marks.org

MAGNA GRATIA
Noi vestim Evanghelia harului

Asociația MAGNA GRATIA este o organizație non-profit care își concentrează eforturile pe proclamarea Evangheliei prin literatură consecventă doctrinar, prin evanghelizare și echiparea bisericilor evanghelice de limba română.

Dacă ai fost binecuvântat citind această carte, poți ajuta la binecuvântarea altui credincios, prin unul sau mai multe lucruri, după cum urmează:

1) Recomandă mai departe această carte!

2) Vizitează paginile noastre de internet la magnagratia.org și află mai mult despre lucrarea noastră, și citește GRATUIT cele peste 250 de cărți ale unora dintre cei mai buni autori creștini din istorie.

3) Rămâi conectat la noutățile MAGNA GRATIA prin a vizita pagina noastră de Facebook la www.facebook.com/MagnaGratia-Romania și prin a te abona pe website, așa încât să fii anunțat când publicăm noi resurse.

4) Spune și altora despre lucrarea noastră.

5) Roagă-te pentru noi.

6) Donează și ajută-ne să mergem mai departe cu această lucrare. Donațiile se pot face online, www.magnagratia.org/donatii.html

Pentru orice alte informații, scrie-ne la contact@magnagratia.org. Mulțumim!

www.ingramcontent.com/pod-product-compliance
Lightning Source LLC
Chambersburg PA
CBHW071414070526
44578CB00003B/574